优秀传统文化融入现代学前教育的策略研究

吴园园　著

吉林文史出版社

图书在版编目（CIP）数据

优秀传统文化融入现代学前教育的策略研究 / 吴园
园著. -- 长春 ： 吉林文史出版社，2024.9. -- ISBN
978-7-5752-0634-1

Ⅰ.G61

中国国家版本馆CIP数据核字第20248WY823号

优秀传统文化融入现代学前教育的策略研究
YOUXIU CHUANTONG WENHUA RONGRU XIANDAI XUEQIAN JIAOYU DE CELÜE YANJIU

出 版 人：张　强
著　　者：吴园园
责任编辑：任明雪
版式设计：李　鹏
封面设计：文　亮
出版发行：吉林文史出版社
电　　话：0431-81629352
地　　址：长春市福祉大路5788号
邮　　编：130117
地　　址：www.jlws.com.cn
印　　刷：北京昌联印刷有限公司
开　　本：710mm×1000mm　1/16
印　　张：12
字　　数：210千字
版　　次：2024年9月第1版
印　　次：2024年9月第1次印刷
书　　号：ISBN 978-7-5752-0634-1
定　　价：78.00元

前　言

在当今全球化的时代背景下，文化交流日益频繁，多元文化相互碰撞与融合。一方面，现代科技的飞速发展给人们的生活带来了极大便利，也深刻地改变了教育的形态和方式；另一方面，在这种全球化的浪潮中，如何保持和传承本土优秀传统文化，成了一个备受关注的重要课题。

学前教育作为基础教育的重要组成部分，对于幼儿的身心发展和价值观形成起着至关重要的作用。将优秀传统文化融入学前教育，不仅能丰富教育的内涵，提升教育的品质，还能让幼儿从小就接触、了解和认同本民族的优秀文化，培养他们的民族自豪感和文化自信。

本书旨在深入探讨优秀传统文化融入现代学前教育的策略与方法。通过对优秀传统文化的概述、学前教育理论基础的剖析，融入必要性的阐释，以及具体策略与实践等的研究，力求为广大学前教育工作者和研究者提供有益的参考与借鉴。在编写过程中，我们充分结合了理论与实践，力求使内容具有科学性、系统性和实用性。

然而，由于作者水平有限，书中难免存在不足之处，恳请广大读者批评指正。同时，本书的编写参考了大量文献资料和研究成果，在此向所有为本书提供帮助和支持的专家学者、同行表示衷心感谢。我们将继续努力，为推动优秀传统文化融入学前教育事业的发展贡献自己的一份力量。

目　录

第一章　优秀传统文化概述

第一节　传统文化的定义与特征

一、传统文化的内涵与边界

（一）传统文化内涵的深度剖析

传统文化的内涵丰富而多元，它包含着人类在长期的历史发展过程中创造的物质财富和精神财富。从精神层面来看，它涵盖哲学思想、道德观念、价值取向等多个方面。例如，儒家的"仁、义、礼、智、信"的思想，强调了人与人之间的关爱、正义、礼仪、智慧和诚信，这些思想在现代社会依然具有重要的指导意义；道家的"道"的理念，主张顺应自然、无为而治，为人们提供了一种平和、淡泊的生活态度。这些思想理念不仅是中国古代智慧的结晶，还是现代社会人们可以汲取的精神养分。

从物质层面来看，传统文化包括建筑、服饰、饮食、工艺品等。古建筑如故宫、长城等，不仅仅是建筑艺术的杰作，更是历史文化的载体，它们见证了中国古代社会的辉煌与变迁；传统服饰如汉服，其精美的设计和独特的风格体现了中华民族的审美情趣与文化特色；传统美食如饺子、月饼等，不仅仅满足了人们的味蕾，更蕴含着丰富的文化内涵和情感寄托；传统工艺品如剪纸、陶瓷等，以其精湛的工艺和独特的艺术魅力，展现了中国民间艺术的博大精深。

在学前教育中，教师可以通过多种方式将这些传统文化内涵传递给幼儿。

例如，通过讲述古代故事，让幼儿了解儒家的道德观念；通过欣赏古建筑和传统服饰的图片，培养幼儿的审美能力；通过品尝传统美食，让幼儿感受中国饮食文化的魅力。

（二）传统文化边界的模糊与清晰

传统文化的边界是一个相对模糊的概念，因为传统文化与现代文化相互交融、相互影响。一方面，传统文化在现代社会中不断演变和发展，吸收了现代元素，形成了新的文化形态。例如，现代的中式服装设计既保留了传统服饰的一些元素，如立领、盘扣等，又融入了现代的时尚理念和设计手法，展现了传统文化与现代文化的完美结合。另一方面，现代文化也受到了传统文化的深刻影响，许多现代艺术作品、文学作品中都蕴含着传统文化的元素和精神。

然而，传统文化也有其相对清晰的边界。它具有独特的历史渊源、文化特征和价值体系，与其他文化有着明显的区别。例如，中国的春节文化有着特定的历史背景和文化内涵，包括贴春联、吃年夜饭、拜年等传统习俗，这些习俗在世界其他文化中是不存在的。在学前教育中，教师需要帮助幼儿清晰地认识传统文化的边界，让他们明白传统文化的独特性和重要性。教师可以通过组织文化对比活动，让幼儿比较中国传统文化与其他国家文化的差异，从而加深对传统文化边界的理解。

（三）传统文化内涵与边界的相互关系

传统文化的内涵与边界是相互关联、相互影响的。内涵决定了边界，而边界又反过来影响着内涵的传承和发展。传统文化的丰富内涵是其边界形成的基础，正是因为传统文化拥有独特而深厚的内涵，才使其与其他文化区分开来，形成了相对清晰的边界。同时，边界的存在又为内涵的传承和发展提供了保障。边界的划定可以防止传统文化被随意篡改和滥用，确保其内涵的纯正性和完整性。

在现代学前教育中，教师需要正确处理传统文化内涵与边界的关系，既要让幼儿深入了解传统文化的内涵，感受其博大精深的魅力，又要让幼儿明确传统文化的边界，培养他们对传统文化的认同感和自豪感。例如，在教授传统节日文化时，教师不仅要让幼儿了解节日的起源、习俗等内涵，还要让幼儿明白这些节日是中国传统文化的重要组成部分，具有独特的文化边界。

（四）学前教育中对传统文化内涵与边界的把握

在现代学前教育中，把握好传统文化的内涵与边界至关重要。教师需要具备深厚的文化素养和专业的教育能力，能准确地解读传统文化的内涵和边界，并将其融入教育教学活动中。首先，教师应该加强自身的文化学习，深入研究传统文化的内涵和边界，提高自己的文化底蕴。其次，教师要根据幼儿的年龄特点和认知水平，选择合适的传统文化内容进行教学。对于年龄较小的幼儿，可以选择一些简单易懂、趣味性强的传统文化元素，如儿歌、故事、游戏等；对于年龄稍大的幼儿，可以逐渐引入一些深层次的传统文化内涵，如哲学思想、道德观念等。

此外，教师还可以通过创设丰富的教育环境，帮助幼儿更好地理解和把握传统文化的内涵与边界。例如，在教室中布置传统文化主题的墙饰，展示传统工艺品、书画作品等；组织幼儿参观博物馆、民俗馆等文化场所，让他们亲身感受传统文化的魅力。同时，教师要注重家园合作，与家长共同培养幼儿对传统文化的兴趣和热爱。可以通过家长会、亲子活动等形式，向家长宣传传统文化教育的重要性，鼓励家长在家庭中开展传统文化教育活动，如与幼儿一起阅读传统故事、制作传统手工艺品等。

二、传统文化的时间演变脉络

（一）古代传统文化的奠基与形成

先秦时期，中国传统文化悄然萌芽并逐渐发展壮大。从原始社会的简单信仰和习俗，到奴隶社会的礼仪规范和初步的哲学思想，再到后来高度成熟的文化体系，每个时期都为传统文化的时间演变脉络增添了浓墨重彩的一笔。

西周时期，儒家、道家、法家等诸多思想流派纷纷涌现，各自构建起独特的理论体系。儒家强调"仁""礼"，主张通过道德修养和社会规范实现社会的和谐稳定；道家追求"道"的境界，倡导顺应自然、无为而治；法家则重视法、术、势，以法治来治理国家。这些思想不仅在当时的政治、社会生活中发挥着重要作用，而且对后世的文化发展产生了深远影响。

在教育方面，中国古代也有着丰富的内涵。从西周的官学到春秋战国时期的私学兴起，教育逐渐从贵族走向平民。孔子开创的私学，倡导有教无类，培养了大批优秀的人才，其教育理念和方法至今仍有借鉴意义。古代的蒙学教育也十分发达，《三字经》《百家姓》《千字文》等蒙学读物，通过简洁明快的语言和朗朗上口的韵律，向儿童传授基本的文化知识和道德规范。

在现代学前教育中，我们可以汲取先秦时期教育的智慧。比如，借鉴孔子有教无类的思想，让每个幼儿都能平等地接受优秀传统文化教育。可以将《三字经》等蒙学读物进行适当改编，以适合幼儿的年龄特点和认知水平，通过诵读的方式让幼儿感受传统文化的韵律美和内涵。同时，教师可以深入挖掘古代思想家的教育理念，如孔子的启发式教学、因材施教等，运用到现代学前教育中，激发幼儿的学习兴趣和主动性。

（二）封建社会传统文化的传承与发展

封建社会是中国传统文化传承与发展的重要时期。尽管这一时期社会动荡不安，但传统文化依然在艰难的环境中得到延续和发展。

在文学领域，诗词歌赋进一步发展。唐诗、宋词成为中国文学史上的璀璨明珠，诗人和词人用他们的才情与笔触描绘出了丰富多彩的社会生活及人们的情感世界。在艺术领域，绘画、书法、雕塑等艺术形式不断创新，形成了各具特色的艺术风格。例如，唐代的吴道子以其飘逸的画风被誉为"画圣"；宋代的书法大家苏轼、黄庭坚等，其书法作品各具神韵。

在科技领域，中国古代的四大发明——造纸术、印刷术、火药、指南针，在这一时期得到了广泛的应用和传播，对世界文明的发展产生了巨大的推动作用。此外，农业、医学、天文学等领域也取得了显著成就，如《齐民要术》《本草纲目》等著作的问世，反映了当时科技水平的高度。

对现代学前教育来说，我们可以从这些方面入手融入传统文化。在语言教育中，选择一些经典的唐诗、宋词让幼儿诵读，培养他们的语感和语言表达能力。在艺术教育中，通过欣赏古代绘画和书法作品，激发幼儿的审美情趣，让他们感受艺术的魅力。在科学教育中，可以向幼儿简单介绍四大发明的故事，让他们了解古代科技的伟大成就，培养他们的探索精神和创新意识。同时，可以利用一些古代科技发明的模型或图片，让幼儿直观地感受科技的力量。

（三）近代传统文化的变革与挑战

近代以来，中国社会发生了翻天覆地的变化，传统文化也面临着前所未有的变革与挑战。随着西方列强的入侵和西方文化的传入，中国传统文化与西方文化发生了激烈的碰撞。

在这一时期，一些先进的知识分子开始反思传统文化的弊端，倡导新文化运动。他们主张破除旧的封建礼教，提倡民主与科学，推动了中国文化的现代化进程。然而，在这一过程中，也出现了一些对传统文化全盘否定的倾向，导致传统文化一度受到冷落。

但同时，有许多有识之士认识到传统文化的价值，努力寻求传统文化与现代文化的融合之路。他们在传承传统文化的基础上，吸收西方文化的有益成分，为传统文化的创新发展注入了新的活力。

在现代学前教育中，我们应该正确对待近代传统文化经历的变革与挑战。一方面，要让幼儿了解新文化运动等历史事件，明白文化变革的必要性和重要性；另一方面，要引导幼儿认识到传统文化的独特价值，培养他们对传统文化的认同感和自豪感。教师可以通过讲述近代文化名人的故事，如鲁迅、陈独秀等，让幼儿了解他们在文化变革中的贡献和思想；同时，可以组织幼儿开展一些关于传统文化与现代文化对比的讨论活动，让他们在思考中加深对传统文化的理解和认识。

（四）现代传统文化的复兴与创新

进入现代社会，随着人们对传统文化认识的不断加深，传统文化迎来了复兴与创新的机遇。

国家高度重视传统文化的传承与发展，出台了一系列政策措施，推动优秀传统文化进校园、进课堂。社会各界也积极参与，举办各种传统文化活动，如庙会、民俗展览、文化节等，营造了浓厚的传统文化氛围。

在教育领域，越来越多的学校将优秀传统文化融入课程体系，开发了丰富多彩的传统文化课程。在学前教育阶段，幼儿园也开始注重传统文化教育，通过开展传统节日庆祝活动、民间艺术体验活动等，让幼儿从小接触和感受传统文化的魅力。

在现代学前教育中，我们要紧紧抓住传统文化复兴与创新的机遇。教师可以结合现代教育技术，如多媒体教学、互联网资源等，丰富传统文化教育的形式和内容。例如，利用动画、视频等形式向幼儿展示传统节日的由来和习俗，让他们更加直观地了解传统文化。同时，教师可以鼓励幼儿参与传统文化的创新活动，如让幼儿根据自己的想象和创意绘制传统故事绘本、改编传统儿歌等，培养他们的创新能力和实践能力。此外，幼儿园还可以加强与社区、家庭的合作，共同推动传统文化教育的开展，形成教育合力。

三、传统文化的地域分布差异

（一）北方地区传统文化的独特风貌

北方地区的传统文化因其独特的地理环境、历史背景和民族构成，呈现出鲜明的特色。北方地域广袤，气候相对寒冷干燥，这在一定程度上塑造了北方人民坚韧、豪爽的性格特质，这些特质也反映在传统文化之中。

从建筑风格来看，北方地区的传统建筑多呈现出宏大、庄重的特点。例如，北京的四合院布局严谨，房屋错落有致，体现了家族聚居的传统观念和长幼有序的伦理秩序。四合院的建筑结构稳固，能抵御北方寒冷的气候，同时，也展现了北方地区传统建筑注重实用性和坚固性的特点。在艺术领域，北方地区的传统民间艺术形式丰富多样，如京剧。

在学前教育中融入北方地区的传统文化，可以从以下方面着手。在环境创设方面，可以在幼儿园中布置一些具有北方地区特色的建筑模型或图片，如四合院，让幼儿直观地感受北方地区传统建筑的魅力。在艺术教育中，教师可以组织幼儿欣赏京剧表演片段，引导他们了解京剧的角色、唱腔和表演形式；可以通过讲述一些与京剧相关的故事，激发幼儿对京剧的兴趣；还可以开展一些简单的京剧脸谱绘制活动，让幼儿在动手操作中加深对京剧艺术的理解。

（二）南方地区传统文化的细腻韵味

南方地区与北方地区在地理、气候等方面存在明显差异，这也使得南方地区的传统文化具有独特的细腻韵味。南方气候温暖湿润，河网密布，这种自然环境孕育了南方人民温婉、细腻的性格特点，这些特点在传统文化中得到充分体现。

南方地区的传统建筑注重与自然环境的融合，充满了灵动之美。例如，江南水乡的古镇，白墙黑瓦的民居依水而建，错落有致。小桥流水人家的景致，展现了人与自然和谐相处的理念。在艺术方面，南方地区的传统民间工艺精美绝伦，如苏绣。苏绣以针法精细、色彩雅致而著称，绣品生动逼真，富有艺术感染力。苏绣的制作过程需要极大的耐心和精湛的技艺，体现了南方人民的心灵手巧和对美的执着追求。

在学前教育中融入南方地区的传统文化，可以从以下几个方面着手。在教学活动中，可以通过图片、视频等方式向幼儿展示江南水乡的美景和古镇的建筑特色，让幼儿感受南方地区传统建筑的婉约之美。在手工活动中，可以引导幼儿尝试简单的刺绣活动，培养他们的动手能力和审美能力；可以给幼儿讲述一些关于苏绣的故事，让他们了解苏绣的历史和文化内涵；还可以组织幼儿进行一些模仿水乡生活的角色扮演活动，增强他们对南方地区传统文化的体验感。

（三）西北地区传统文化的多元融合

西北地区地域辽阔，民族众多，是多种文化交流融合的重要区域。不同民族的文化在这里相互碰撞、相互融合，形成了丰富多彩的西北传统文化。

在西北地区，不同民族有着各自独特的语言、服饰、习俗。维吾尔族的音乐舞蹈热情奔放，如十二木卡姆，它融合了歌唱、舞蹈、器乐演奏等多种艺术形式，是维吾尔族人民智慧的结晶。

在学前教育中融入西北地区的传统文化，可以从以下几个方面入手。首先，可以通过故事、图片等形式向幼儿介绍西北地区不同民族的文化特色，让他们了解各民族之间的差异和共同点。其次，可以组织幼儿欣赏西北地区的民族音乐和舞蹈，鼓励他们模仿和学习，感受民族艺术的魅力。最后，可以在教室里展示一些西北地区的民族服饰和手工艺品，营造浓厚的文化氛围；还可以邀请一些西北地区的民间艺人到幼儿园进行表演和教学，让幼儿亲身体验传统文化的魅力。

（四）青藏地区传统文化的海洋气息

青藏高海拔、雪山环绕，藏传佛教文化深厚。藏语独特神秘，学前教育以简单日常用语教学开启文化门扉，如问候语融入日常打招呼，感受语言别样节奏。建筑中，布达拉宫宏伟神圣，通过影像资料让幼儿惊叹建筑奇迹，在绘画课勾勒金顶白墙，种下对壮美事物向往种子。

宗教节庆如雪顿节，幼儿观看晒佛、藏戏表演图片视频，知晓唐卡绘制流程，在色彩与线条里触摸信仰力量；生活习俗里，打酥油茶、捏糌粑体验，明白高原食物珍贵与传统生活方式。民间传说《格萨尔王传》故事分享，领略英雄无畏、守护家园精神，户外活动模拟高原动物姿态，牦牛漫步、藏羚羊奔跑，在游戏中尊重自然、敬畏生命，让青藏文化神秘滋养幼儿心灵，助其成长为有敬畏、有情怀之人。

在学前教育中融入青藏地区的传统文化，可从多维度着手，巧妙编织文化传承之网，滋养幼儿心灵。课程设计是关键。语言课教日常藏语，像"贡卡姆桑（你好）"，借儿歌游戏巩固，唱《吉祥谣》并模仿藏民献哈达动作，既学语言又晓礼仪；艺术领域，手工捏糌粑造型、绘制简化唐卡，用彩泥、颜料展现心中青藏印象，舞蹈课学跳锅庄，在欢快节奏中感受团结；科学认知课介绍高原特殊生态，牦牛耐寒、青稞耐旱特点，拓展动植物知识。节庆活动不容小觑。藏历新年，师生共扮教室为藏家小院，贴"隆达"、摆"切玛"，分享寓意，做藏式点心，模拟拜年；雪顿节则欣赏藏戏片段，讲解晒佛传统，扮角色演绎简单情节，使幼儿体悟欢乐与庄重。家园共育添助力。邀请藏族家长入园分享习俗，讲游牧生活趣事、展示藏袍穿搭技巧；组织亲子游博物馆、民俗村，深化幼儿认知，多方协同，将青藏文化精髓融入学前时光，筑牢文化传承根基。

四、传统文化的表现形式多样性

（一）语言文字的独特魅力

语言文字是传统文化最为基础和重要的表现形式之一。汉字作为中华文化的瑰宝，其形态优美、结构独特，蕴含着丰富的文化内涵。从古老的甲骨文到如今的简体字，汉字历经数千年的演变，见证了中华民族的发展历程。古诗词、成语、谚语等语言形式更是将智慧和情感浓缩其中。古诗词以其优美的韵律和深远的意境，传递着古人的情感与思想；成语和谚语则简洁明了，富有哲理，是人们生活经验和智慧的结晶。

在学前教育中，可以通过诵读古诗词让幼儿感受语言的韵律美。教师可以选择一些简单易懂、富有童趣的诗词，如《咏鹅》《静夜思》等，带领幼儿反复诵读，体会诗词中的节奏和情感。教师还可以通过讲解成语和谚语背后的故事，帮助幼儿理解其含义，培养他们的语言理解能力和思维能力。例如，讲解"亡羊补牢"的故事，让幼儿明白及时补救的重要性。

（二）传统艺术的绚丽多彩

传统艺术形式多样，包括绘画、书法、音乐、舞蹈、戏曲等。中国传统绘画以其独特的笔墨技法和深远的意境，展现了中国人对自然和生活的独特感悟。传统书法则通过线条的粗细、疏密、曲直等变化，表达出书法家的情感和个性。在音乐方面，传统民族音乐以其独特的乐器和旋律，营造出或欢快，或悠扬，或激昂的氛围。传统舞蹈和戏曲则以生动的肢体语言与精彩的表演，传递着丰富的文化信息。

在学前教育中，可以让幼儿欣赏传统艺术作品。如展示中国山水画，引导幼儿观察画面中的景物、色彩和构图，培养他们的审美能力。可以开展书法体验活动，让幼儿用毛笔书写简单的汉字，感受书法的魅力。可以播放传统民族音乐，鼓励幼儿随着音乐节奏舞动，培养他们的节奏感和表现力。还可以组织幼儿观看戏曲表演片段，介绍戏曲中的角色和脸谱，激发他们对戏曲的兴趣。

（三）传统节日的深厚内涵

传统节日是传统文化的重要载体，每个节日都有其独特的起源、习俗和文化内涵。春节是中华民族最重要的传统节日之一，贴春联、挂灯笼、吃年夜饭、拜年等习俗，承载着人们对美好生活的向往和家庭团圆的期盼；端午节以赛龙舟、吃粽子等习俗，纪念伟大的爱国诗人屈原，传承着爱国主义精神；中秋节的赏月、吃月饼等活动，则象征着团圆和幸福。

在学前教育中，可以根据不同的节日开展相应的主题活动。在春节期间，组织幼儿一起制作春联、灯笼等装饰品，营造节日氛围；讲解春节的由来和习俗，让幼儿了解春节的文化意义。在端午节，给幼儿讲述屈原的故事，组织幼儿观看赛龙舟视频，一起包粽子，让他们感受端午节的文化魅力。在中秋节，组织幼儿赏月、品尝月饼，了解中秋节的传统习俗和文化内涵。

（四）传统礼仪的规范引导

传统礼仪是传统文化的重要组成部分，体现着社会的道德规范和人们的行为准则。尊老爱幼、尊师重道、礼貌待人等礼仪规范，对个人的成长和社会的和谐发展都具有重要意义。见面行礼、餐桌礼仪等传统礼仪形式，彰显着中华民族的文明和素养。

在学前教育中，教师要注重培养幼儿的礼仪习惯。通过日常的教育活动，教导幼儿学会礼貌用语，如"请""谢谢""对不起"等。在就餐时，培养幼儿良好的餐桌礼仪，如安静就餐、不挑食、懂得分享等。还可以通过角色扮演等活动，让幼儿模拟不同的社交场景，学习相应的礼仪规范，培养他们的社交能力和文明素养。同时，教师要以身作则，用自己的言行举止为幼儿树立良好榜样。

第二节 中华优秀传统文化的核心要素

一、儒家文化的核心价值观

（一）仁：以爱育心

"仁"是儒家文化的核心价值观之首，强调人与人之间的关爱和同情。它体现着一种深厚的人文关怀，涵盖了对他人的尊重、理解与友善。在学前教育中，培养幼儿的仁爱之心至关重要。教师可以通过日常的互动与引导，让幼儿学会关心同伴。比如，当有幼儿摔倒时，鼓励其他幼儿去帮忙扶起并给予安慰；在分享活动中，引导幼儿学会分享自己的玩具和食物，体会分享带来的快乐和彼此关爱的温暖。教师也要以身作则，以仁爱之心对待每个幼儿，用微笑、鼓励和耐心去感染幼儿，让他们在充满爱的环境中成长，逐渐培养起内心的仁爱品质。

（二）义：明辨是非

"义"代表着正义、公正和道德准则。它要求人们在面对事情时，能做出符合道德规范的判断和选择。在学前教育阶段，虽然幼儿的认知能力有限，但可以逐步培养他们的是非观念。教师可以通过简单的故事和情景模拟，让幼儿明白什么是对的，什么是错的。例如，讲述一个小朋友帮助他人的故事，让幼儿理解这种行为是值得赞扬的正义之举；或者在游戏中设置一些需要做出选择的情境，如两个小朋友争抢玩具，引导幼儿思考应该如何解决，让他们明白公平、公正的重要性。同时，在班级规则的制定和执行中，也要体现出正义的原则，让幼儿知道违反规则是不对的，遵守规则是应该的。

（三）礼：规范行为

"礼"主要是指礼仪规范和社会秩序。它涵盖人们在日常生活中的各种行为规范和礼节。在学前教育中，礼仪教育是培养幼儿良好行为习惯的重要内容。从基本的礼貌用语开始，如"你好""谢谢""对不起"等，让幼儿养成文明礼貌的习惯。在日常活动中，教导幼儿遵守秩序，如排队洗手、安静用餐等。还可以通过开展礼仪主题活动，让幼儿学习传统的礼仪知识，如见面行礼的方式等。教师要注重自身的礼仪示范，用规范的言行引导幼儿。同时，通过家园合作，让家长也重视幼儿在家中的礼仪培养，共同营造一个注重礼仪的教育环境。

（四）智：启迪智慧

"智"不仅仅是知识的积累，更是一种思维能力和智慧的培养。在学前教育中，要激发幼儿的求知欲和探索精神。教师可以通过丰富多样的教育活动，如科学小实验、故事阅读、问题讨论等，培养幼儿的观察力、思考力和问题解决能力。在教学过程中，鼓励幼儿提问、表达自己的想法，给予他们充分的思考空间。同时，创设充满知识和探索氛围的教育环境，如在教室里设置图书角、科学区等，让幼儿在自主探索中增长知识和智慧。通过这些方式，逐步培养幼儿的智慧，为他们的未来学习和生活奠定坚实基础。

二、道家思想的哲学内涵

（一）道：宇宙本原与规律认知

"道"是道家思想的核心概念，代表着宇宙的本原和万物运行的规律。在学前教育中，虽然幼儿难以完全理解如此抽象的概念，但教师可以通过引导他们观察自然现象，让他们初步感知规律的存在。教师可以带领幼儿观察四季的更替、天气的变化、动植物的生长等，让他们明白世界上的事物都在按照一定的规律发展。比如，春天花开、夏天炎热、秋天叶落、冬天寒冷，这种季节的循环就是一种规律。通过这种方式，培养幼儿对自然规律的敏感度，使他们在成长过程中逐渐形成尊重规律、顺应规律的意识。

（二）无为：尊重自然发展

"无为"并非什么都不做，而是不刻意干预，顺应事物的自然发展。在学前教育中，这意味着教师要尊重幼儿的天性和发展节奏。每个幼儿都有自己独特的成长轨迹和兴趣爱好，教师不应强行按照统一的标准去塑造他们。比如，在游戏活动中，教师可以提供丰富的材料和自由的空间，让幼儿根据自己的意愿和想法去选择与创造，而不是过多地规定游戏的方式和结果。在学习方面，当幼儿对某个事物产生兴趣时，教师应给予适当的支持和引导，而不是强行灌输知识。这样可以让幼儿在自由、宽松的环境中充分发挥自己的潜能，自然地成长和发展。

（三）柔弱胜刚强：培养坚韧品质

道家提出"柔弱胜刚强"的观点，看似柔弱的事物往往具有更持久的生命力和适应性。在学前教育中，可以将这一理念融入对幼儿坚韧品质的培养。幼儿在成长过程中会遇到各种困难和挫折，教师要鼓励他们以平和、坚韧的心态去面对。例如，当幼儿在搭建积木遇到失败时，不要轻易放弃，而是要耐心地尝试。教师可以通过语言鼓励，如"没关系，再试一次，你一定可以的"，帮助幼儿建立克服困难的信心和勇气。同时，在日常活动中，设置一些具有挑战性的任务，让幼儿在不断尝试和努力中逐渐培养坚韧不拔的品质，明白坚持和努力的力量。

（四）阴阳平衡：和谐发展理念

道家强调阴阳平衡，认为事物的两个方面相互依存、相互转化。在学前教育中，这一理念可以体现在幼儿的全面发展上。教师要注重幼儿在身体、情感、认知、社会等各方面的平衡发展。例如，在体育活动中锻炼幼儿的身体素质，在艺术活动中培养幼儿的情感表达和审美能力，在科学活动中提升幼儿的认知思维，在社交活动中促进幼儿的社会交往。不能片面地强调某一方面的发展，而是要确保各方面相互协调、相互促进。通过这种方式，让幼儿在和谐的环境中实现全面、均衡的成长，为他们的未来奠定坚实基础。

三、传统艺术的精髓体现

（一）绘画艺术的独特魅力与教育价值

绘画艺术作为传统艺术的重要组成部分，具有独特的魅力。它以线条、色彩和构图等元素展现丰富的情感与深邃的思想。在学前教育中，绘画可以培养幼儿的观察力、想象力和创造力。教师可以引导幼儿观察周围的事物，如大自然中的花草树木、生活中的物品等，让他们通过绘画表达自己看到的和感受到的。

例如，在春天，教师可以带领幼儿到户外观察花朵的形状、颜色和生长姿态，然后回到教室让幼儿用画笔描绘出自己心中的花朵。教师要鼓励幼儿大胆运用色彩和线条，不必拘泥于现实的形态，让他们充分发挥想象力。同时，教师还可以介绍一些中国传统绘画的技法和风格，如工笔画的细腻、写意画的豪放等，让幼儿初步了解中国绘画的多样性。

为了更好地将绘画艺术融入学前教育，教师可以在教室里设置绘画区，提供丰富的绘画材料，如各种颜料、画笔、画纸等，让幼儿随时可以进行绘画创作；还可以定期举办绘画展览，展示幼儿的作品，增强他们的自信心和成就感。

（二）书法艺术的文化内涵与审美培养

书法艺术蕴含着深厚的文化内涵，它不仅仅是文字的书写，更是一种情感的表达和审美的体现。书法的线条、结构和章法都具有独特美感。在学前教育中，书法可以培养幼儿的专注力、耐心和审美能力。

教师可以从简单的汉字笔画和结构开始，引导幼儿认识汉字的基本形态。通过示范和讲解，让幼儿了解正确的书写姿势和笔法。例如，教师可以用生动有趣的方式介绍横、竖、撇、捺等基本笔画的写法，让幼儿在练习中逐渐掌握。同时，教师可以讲述一些书法家的故事，如王羲之练字的故事，激发幼儿对书法的兴趣。

在教学过程中，教师要注重培养幼儿的审美意识，让他们欣赏优秀的书法作品，感受书法的艺术魅力。可以选择一些经典的书法碑帖，如颜真卿的《多宝塔碑》、柳公权的《玄秘塔碑》等，通过图片或实物展示给幼儿，让他们观察字体的形态、笔画的粗细和结构的疏密等。此外，还可以组织幼儿进行简单的书法创作活动，如书写自己的名字或一些简单的词语，让他们在实践中体验书法的乐趣。

（三）音乐艺术的情感传递与心灵启迪

传统音乐艺术以其独特的旋律、节奏和音色，传递着丰富的情感和文化信息，具有强大的心灵启迪作用。在学前教育中，音乐可以激发幼儿的情感体验，培养他们的节奏感和音乐感知能力。

教师可以选择一些具有代表性的传统音乐作品，如古典民乐、民间歌谣等，让幼儿聆听和欣赏。在欣赏过程中，教师可以引导幼儿感受音乐的情感变化，如欢快、悲伤、宁静等。同时，教师可以通过简单的节奏游戏，让幼儿体验音乐的节奏。例如，用拍手、跺脚等方式模仿节奏，培养他们的节奏感。

教师还可以组织幼儿进行音乐表演活动，如唱歌、演奏简单的乐器等。教师可以提供一些适合幼儿的乐器，如木鱼、响板、铃鼓等，让幼儿在演奏中感受音乐的乐趣。此外，教师还可以结合传统节日或文化主题，选择相应的音乐作品，让幼儿在音乐中了解传统文化，增强文化认同感。

（四）舞蹈艺术的肢体表达与气质塑造

舞蹈艺术通过肢体的动作和姿态表达情感与思想，具有独特的艺术魅力。在学前教育中，舞蹈可以培养幼儿的身体协调性、节奏感和表现力。

教师可以选择一些简单易学的传统舞蹈，如民族舞等，让幼儿进行学习。在教学过程中，教师要注重舞蹈动作的分解和示范，让幼儿逐步掌握舞蹈的基本动作和技巧。同时，教师可以通过讲述舞蹈背后的故事和文化背景，让幼儿更好地理解舞蹈的内涵。

例如，在教授蒙古族舞蹈时，可以介绍蒙古族的生活习俗和文化特点，让幼儿在学习舞蹈的同时了解蒙古族的文化。教师还可以鼓励幼儿进行舞蹈创作，让他们根据自己的想象和感受，用肢体语言表达自己的情感和想法。此外，教师要注重培养幼儿的舞蹈气质，如挺拔的身姿、优雅的举止等，让幼儿在舞蹈中提升自身的气质和素养。

第三节　传统文化在现代社会的价值

一、个体层面的道德塑造

（一）诚信观念的培养与内化

诚信是个体道德的基石，在个体层面的道德塑造中占据关键地位。在学前教育中，培养幼儿的诚信观念至关重要。诚信观念的形成源于对真实和可靠的认知。教师可以通过日常的交流和互动，向幼儿传达诚信的重要性。比如，在讲述故事时，强调故事中人物因诚信而获得信任和尊重的情节，让幼儿初步理解诚信的意义。在班级规则的制定中，明确诚信的要求，如说话要算数、答应的事情要做到等。

为了让诚信观念更好地内化为幼儿的行为准则，教师自身要做到言行一致，成为幼儿诚信的榜样。当教师承诺了某件事情后，一定要按时兑现，让幼儿看到诚信的实际体现。同时，在幼儿出现不诚信的行为时，教师要及时给予纠正和引导，通过耐心的沟通，让幼儿明白不诚信带来的不良后果，帮助他们逐渐养成诚信的习惯。

（二）友善态度的培育与传递

友善是个体与他人和谐相处的基础。在学前教育阶段培养幼儿的友善态度，有助于他们建立良好的人际关系。友善态度的培育可以从关心他人开始。教师可以在班级中营造一种充满关爱的氛围，鼓励幼儿关心和帮助同伴。例如，当有幼儿生病或遇到困难时，引导其他幼儿表达关心和提供帮助。

在日常活动中，教师要注重培养幼儿的同理心，让他们能站在他人的角度去思考问题。通过故事分享、角色扮演等方式，让幼儿体验他人的感受，从而培养他们的友善意识。同时，教师要及时肯定和表扬幼儿的友善行为，如分享玩具、互相安慰等，强化他们的友善观念。在这种积极的反馈下，幼儿会更愿意传递友善，形成良好的班级氛围。

（三）责任感的建立与强化

责任感是个体对自己和他人负责的态度，对幼儿的成长具有深远影响。在学前教育中，可以从班级的日常事务入手培养幼儿的责任感。例如，给幼儿分配一些简单的任务，如整理图书、摆放玩具等，让他们明白自己对班级环境有维护的责任。在小组活动中，让幼儿明确自己在小组中的角色和任务，培养他们的团队责任感。

教师还可以通过与家长的合作，将对幼儿责任感的培养延伸到家庭生活中。鼓励家长让幼儿参与一些力所能及的家务劳动，如帮忙摆放餐具、收拾自己的物品等，让幼儿体会到自己对家庭的责任。在培养责任感的过程中，教师要给予幼儿适当的自主权和决策权，让他们在实践中学会承担责任，逐渐强化责任感。

（四）尊重意识的引导与深化

尊重是个体道德的重要体现，包括尊重他人、尊重自己和尊重环境。在学前教育中，教师要引导幼儿学会尊重他人的意见、感受和权利。在课堂讨论和活动中，给予每个幼儿表达自己观点的机会，认真倾听他们的发言，让幼儿感受到被尊重，从而学会尊重他人。

同时，也要培养幼儿尊重自己的意识。教师要鼓励幼儿发现自己的优点和特长，树立自信心，让他们明白要尊重自己的努力和付出。在对待环境方面，教师可以通过教育活动让幼儿了解自然环境的重要性，培养他们爱护环境、珍惜资源的意识，如节约用水、爱护花草树木等。通过这些方面的引导，逐步深化幼儿的尊重意识，为他们个体层面的道德塑造奠定坚实基础。

二、社会层面的和谐构建

（一）合作精神的培养与推动

合作精神是社会和谐构建的重要基础。在学前教育中，培养幼儿的合作精神可以从日常活动入手。教师可以设计丰富多样的小组活动，例如，在手工制作活动中，将幼儿分成小组共同完成一件大型的手工作品。在这个过程中，幼儿需要相互沟通、分工协作，学会倾听他人的意见和建议，共同解决遇到的问题。教师要引导幼儿理解合作的意义，当小组成功完成任务时，及时给予肯定和鼓励，让幼儿体验到合作的成就感。

为了进一步强化合作精神，教师还可以在班级中设立合作奖励机制，对于在活动中表现出良好合作行为的小组或个人给予奖励，激发幼儿参与合作的积极性。同时，教师自身也要积极参与幼儿的合作活动，给予必要的指导和支持，帮助幼儿提升合作能力。

（二）包容心态的树立与强化

包容心态对于社会和谐至关重要，在学前教育阶段就应开始培养。教师可以通过故事讲述和讨论的方式，让幼儿明白每个人都有不同的特点和习惯，要学会接纳和包容他人的差异。例如，讲述一个关于不同动物相互帮助、彼此包容的故事，引导幼儿思考包容的重要性。在班级生活中，当幼儿之间出现矛盾和冲突时，教师不应急于评判对错，而应引导幼儿站在对方的角度去思考问题，理解对方的感受，学会包容他人的错误和不足。

教师还可以组织一些文化体验活动，让幼儿了解不同地区、不同民族的文化差异，培养他们对多元文化的包容心态。在日常的互动中，教师也要以身作则，以包容的态度对待每个幼儿，为幼儿树立良好的榜样。

（三）公平意识的建立与巩固

公平是社会和谐的关键要素之一。在学前教育中，建立幼儿的公平意识可以从班级规则的制定和执行开始。教师与幼儿共同讨论制定班级规则，确保规则对每个幼儿都是公平的，没有偏袒和歧视。在活动中，教师要公平地分配资源和机会，例如，在游戏活动中，轮流让幼儿扮演不同的角色，保证每个幼儿都有平等的参与机会。

当幼儿对公平问题提出疑问或争议时，教师要耐心地进行解释和引导，帮助幼儿理解公平的概念和意义。可以通过简单的对比和分析，让幼儿明白公平的重要性。同时，教师要及时纠正幼儿在活动中出现的不公平行为，强化他们的公平意识，让幼儿在公平的环境中成长和学习。

（四）互助行为的引导与鼓励

互助行为有助于增强社会的凝聚力和和谐度。在学前教育中，教师可以通过创设情境引导幼儿的互助行为。例如，在角色扮演活动中，设置一些需要幼儿互相帮助才能完成任务的场景，如"医生和病人"的游戏中，"病人"需要"医生"的帮助才能恢复健康。在日常生活中，当幼儿遇到困难时，教师鼓励其他幼儿主动伸出援手，给予帮助。

教师要及时肯定和表扬幼儿的互助行为，让幼儿感受到帮助他人的快乐和意义。可以在班级中设立"互助之星"等荣誉称号，定期评选出在互助方面表现突出的幼儿，激励更多的幼儿参与互助活动。通过长期的引导和鼓励，培养幼儿养成主动互助的良好习惯，为社会层面的和谐构建贡献力量。

三、经济层面的潜在推动

（一）文化消费观念的启蒙

在经济层面，文化消费观念的培养对未来经济的发展具有潜在的推动作用。在学前教育阶段，可以开始对幼儿进行文化消费观念的启蒙。教师可以通过简单的讲解和引导，让幼儿了解消费的概念及文化消费的意义。例如，在班级中开展关于"我们需要什么"的讨论活动，让幼儿思考生活中的各种需求及其中与文化相关的需求。

教师可以引导幼儿认识到，购买图书、参加文化活动等都属于文化消费。在幼儿园的日常活动中，可以设置模拟商店的区域，让幼儿在角色扮演中体验购物的过程，同时，教师可以适时地引导幼儿思考如何合理地进行文化消费，比如，选择一本喜欢的绘本或者一个有文化内涵的小玩具。通过这样的方式，逐渐培养幼儿对文化消费的初步认识和正确观念。

为了进一步强化文化消费观念，教师还可以组织幼儿参观书店、文化展览等场所，让他们亲身感受文化消费的环境和氛围，激发他们对文化产品的兴趣和需求。

（二）创新思维的早期培养

创新思维对于经济的发展至关重要，而学前教育是培养创新思维的关键时期。在传统文化融入的过程中，可以激发幼儿的创新思维。教师可以从传统艺术、传统故事等方面入手，鼓励幼儿对传统文化元素进行再创造。例如，在欣赏传统绘画作品后，让幼儿尝试用自己的方式进行绘画创作，加入自己的想象和创意。

在讲述传统故事时，引导幼儿思考如果故事发生在现代或者有不同的结局会是怎样的，鼓励他们大胆地表达自己的想法。教师要为幼儿提供自由、宽松的创作环境，允许他们犯错和尝试。在手工活动中，利用传统材料如纸、布、木材等，让幼儿探索不同的制作方法和用途，培养他们的创新能力。

同时，教师要及时给予幼儿肯定和鼓励，激发他们的创新积极性。通过不断地培养幼儿的创新思维，为未来经济发展中的创新驱动奠定基础。

（三）传统手工艺的认知与传承

传统手工艺不仅是文化的重要组成部分，还对经济发展起着潜在的推动作用。在学前教育中，让幼儿了解传统手工艺，可以培养他们对手工艺的兴趣和热爱，为未来传统手工艺的传承和发展奠定基础。教师可以通过图片、视频等方式向幼儿展示各种传统手工艺的制作过程，如剪纸、陶艺、编织等。

在幼儿园中，可以邀请传统手工艺人来园进行现场展示和教学，让幼儿亲身体验传统手工艺的魅力。教师可以组织幼儿进行简单的手工艺制作活动，从易到难，逐步培养幼儿的动手能力和对手工艺的认知。例如，先从简单的折纸、剪纸开始，然后逐渐过渡到较为复杂的陶艺、编织等活动。

通过这些活动，让幼儿了解传统手工艺的价值和意义，同时，也培养了他们的耐心和专注力，为未来可能的手工艺产业发展培养潜在的人才和消费者。

（四）文化产业意识的初步形成

文化产业在现代经济中占据着越来越重要的地位，在学前教育阶段可以开始培养幼儿的文化产业意识。教师可以通过讲解和展示，让幼儿了解文化产业的概念和范围，包括图书出版、影视制作、艺术表演等领域。例如，在班级中播放一些儿童影视作品，然后与幼儿讨论这些作品是如何制作出来的，涉及哪些环节和人员。

在幼儿园的活动中，可以组织幼儿进行简单的文化创作活动，如编写小故事、绘制小漫画等，然后引导幼儿思考如果这些作品可以变成出版物或者影视作品，那么需要经过哪些步骤和努力。教师可以鼓励幼儿发挥想象力，设想自己可以在文化产业中扮演的角色和能够做出的贡献。

通过这样的方式，让幼儿初步了解文化产业的运作和价值，培养他们对文化产业的兴趣和关注，为未来文化产业的发展培养具有文化产业意识的人才。

四、科技层面的创新启示

（一）传统思维模式激发科技创新灵感

传统文化中蕴含着独特的思维模式，如儒家的"中庸和谐"、道家的"阴阳辩证"等，这些思维模式能为科技层面的创新带来启示。在学前教育中，教师可以通过故事讲解、哲学理念阐释等方式，向幼儿传递这些思维模式。比如，讲解太极图代表的阴阳平衡理念，让幼儿初步理解事物的两面性和相互依存性。

在日常的教育活动中，教师可以引导幼儿运用这种辩证思维去思考问题。

例如，在科学小实验中，当幼儿观察到一个现象时，鼓励他们思考其相反的情况可能会是怎样的。在艺术创作中，让幼儿尝试用对比、互补的元素来构建作品，培养他们从不同角度看待事物的能力。这种思维的培养有助于幼儿在未来的科技探索中，突破常规思维的局限，产生新的创新灵感。

教师自身也要不断提升对传统思维模式的理解和运用能力，以便更好地引导幼儿。可以通过参加相关培训和自我学习，深入研究传统文化中的思维模式，并将其巧妙地融入教学活动中。

（二）传统技艺中的科学原理挖掘

许多传统技艺中蕴含着丰富的科学原理，这些科学原理对科技层面的创新具有重要的启发意义。在学前教育阶段，可以从幼儿熟悉的传统技艺入手，如造纸术、指南针等。教师可以通过简单易懂的方式，向幼儿解释这些传统技艺背后的科学知识。

例如，在讲解造纸术时，可以用直观的图片和简单的实验，让幼儿了解纸张是如何通过一系列工序从原材料变成成品的，其中涉及的物理和化学变化。对于指南针，可以通过模拟实验，让幼儿明白磁场和方向的关系。在手工活动中，可以让幼儿尝试模仿一些简单的传统技艺制作过程，如制作简易的指南针模型，在实践中加深对科学原理的理解。

同时，教师可以引导幼儿思考如何将这些传统技艺中的科学原理应用到现代科技中，激发他们的创新思维。例如，讨论如何利用类似造纸的原理来开发新型环保材料等。

（三）传统文化对科技创新精神的塑造

传统文化中强调的坚韧不拔、勇于探索、精益求精等精神品质，对培养科技创新精神至关重要。在学前教育中，教师可以通过讲述古代科学家、工匠的故事传递这些精神。比如，讲述鲁班发明锯子的过程，让幼儿体会到不断尝试和改进的重要性。

在教育活动中，设置一些具有挑战性的任务，鼓励幼儿不怕困难、坚持不懈地去完成。当幼儿遇到挫折时，给予他们鼓励和支持，培养他们的抗挫折能力。在艺术和手工活动中，引导幼儿追求完美，注重细节，培养他们精益求精的态度。

还可以通过开展团队合作活动，让幼儿学会与他人协作，共同攻克难题，培养他们的团队合作精神，因为科技创新往往需要团队的力量。

（四）科技与传统文化融合的教育环境创设

为了更好地将科技层面的创新启示融入学前教育，需要创设一个科技与传统文化融合的教育环境。在幼儿园的空间布置上，可以展示一些科技与传统文化相结合的作品或模型，如古代科技发明的现代复原模型、利用现代科技展示传统文化的多媒体设备等。

在教学资源方面，配备丰富的与科技和传统文化相关的图书、教具及软件。教师可以利用这些资源开展多样化的教学活动，如利用虚拟现实技术让幼儿仿佛身临其境地感受古代科技发明的场景，或者通过互动软件让幼儿了解传统文化中的科技元素。

在课程设置上，将科技教育和传统文化教育有机结合，设计一些跨学科的主题活动。例如，以"古代建筑与现代建筑"为主题，让幼儿对比古代建筑和现代建筑在材料、结构、功能等方面的差异，思考科技发展给建筑带来的变化，同时，体会传统文化在建筑中的传承和创新。

第四节　传统文化传承的挑战与机遇

一、全球化冲击下的文化碰撞

（一）价值观的多元冲击与应对

全球化带来了世界各地不同价值观的相互碰撞。在学前教育领域，这种价值观的多元冲击表现得较为明显。不同文化背景下的价值观存在差异，如个人主义与集体主义的观念差异。一些西方文化更强调个人的自由和独立，而中国传统文化更注重集体的利益和和谐。在面对这种冲击时，学前教育应明确自身的价值导向。

教师在日常教育活动中，要强化对中国优秀传统文化价值观的传递。例如，通过讲述传统故事，像"三个和尚"的故事，让幼儿明白团结协作的重要性，体现集体主义价值观。同时，在与幼儿的互动交流中，引导幼儿思考个人与集体的关系，培养他们在尊重个人需求的同时，也能考虑集体利益的意识。教师自身也要树立正确的价值观，以积极的言行影响幼儿。

（二）文化认同的模糊与重塑

全球化的冲击可能导致幼儿在文化认同上出现模糊。他们可能接触到来自不同国家和地区的文化，而对本土文化的认知和认同相对薄弱。为了重塑幼儿的文化认同，学前教育需要采取一系列措施。首先，要加强对优秀传统文化的教育。可以在幼儿园的环境创设中融入传统文化元素，如在教室里展示中国传统的绘画、剪纸等艺术作品，让幼儿在日常环境中感受优秀传统文化的魅力。其次，开展丰富多样的文化主题活动，如传统节日庆祝活动。在春节时，组织幼儿参与贴春联、挂灯笼、包饺子等活动，让他们亲身体验传统节日的氛围和文化内涵，从而增强对本土文化的认同感。

（三）语言交流的变化与引导

随着全球化的发展，语言交流变得更加多元化。英语等外语在日常生活中的使用频率增加，这可能会对幼儿的母语和传统文化的传承带来一定影响。在学前教育中，一方面，要重视幼儿的母语教育，培养他们良好的语言表达能力和对母语文化的理解。教师可以通过诵读经典儿歌、古诗词等方式，让幼儿感受母语的韵律美和文化底蕴。另一方面，可以适当引入外语教育，但要注重与传统文化的结合。例如，在英语教学中，可以融入中国传统故事的英语版本，让幼儿在学习外语的同时，也能传播中国优秀传统文化。同时，鼓励幼儿在不同语言环境中保持对本土语言和文化的尊重与热爱。

（四）审美观念的差异与融合

不同文化背景下的审美观念存在差异，全球化使得各种审美观念相互交织。在学前教育中，幼儿可能会接触到来自不同文化的艺术作品和审美标准。面对这种情况，教师要引导幼儿正确看待审美观念的差异与融合。

可以通过艺术教育活动，展示不同文化的艺术作品，如中国的水墨画、西方的油画等，让幼儿对比欣赏，了解不同文化的审美特点。同时，鼓励幼儿在艺术创作中融合不同的审美元素，培养他们的创新思维和跨文化审美能力。教师要给予幼儿充分的创作自由，让他们在艺术实践中逐渐形成自己独特的审美观念，同时，又能尊重和欣赏其他文化的审美价值。

二、现代生活方式的转变影响

（一）家庭结构变化与传统文化传承

现代生活方式中，家庭结构发生了显著的变化。核心家庭增多，大家庭模式逐渐减少。这种家庭结构的变化对传统文化的传承产生了一定影响。在大家庭中，长辈能更直接地将传统文化传递给晚辈，而在核心家庭中，幼儿与长辈接触的机会相对减少。

面对这种情况，学前教育需要发挥更积极的作用。幼儿园可以组织家庭参与的文化活动，邀请家长和幼儿一起参与传统节日庆祝、民间技艺体验等活动。例如，在端午节组织亲子包粽子活动，让家长向幼儿讲述端午节的由来和习俗，增强家庭对传统文化传承的重视。教师还可以通过家长会、家园联系册等方式，向家长宣传传统文化教育的重要性，鼓励家长在家庭生活中注重传统文化的传承，如给幼儿讲述家族故事、传承家庭传统礼仪等。

（二）电子设备普及与注意力分散

随着现代科技的发展，电子设备如手机、平板电脑等在生活中广泛普及。幼儿也越来越多地接触到这些电子设备，这在一定程度上导致了他们注意力的分散。在传统文化教育中，需要关注电子设备对幼儿注意力的影响。

教师可以通过调整教育方法应对这一问题。在教学活动中，采用多样化的教学手段，增加互动性和趣味性，吸引幼儿的注意力。例如，在讲述传统故事时，可以运用角色扮演、情景模拟等方式，让幼儿更积极地参与其中。同时，合理安排教学时间，避免长时间的单一活动，给幼儿适当的休息和调整时间。在幼儿园环境创设方面，可以设置专门的传统文化体验区，减少电子设备的干扰，让幼儿能专注地参与传统文化活动，如在书法区、剪纸区等，让幼儿亲身体验传统技艺的魅力。

（三）快节奏生活与情感缺失

现代生活节奏加快，人们往往处于忙碌的状态，这可能导致幼儿在情感交流方面的缺失。传统文化强调家庭情感、社会关爱等，学前教育需要弥补快节奏生活带来的情感缺失。

教师可以通过情感教育活动强化幼儿的情感体验。例如，开展感恩教育活动，引导幼儿感恩父母、长辈的关爱。在日常教学中，注重培养幼儿的同理心，让他们学会关心他人。同时，利用传统文化中的情感元素，如亲情故事、友情诗歌等，丰富幼儿的情感世界。在班级活动中，营造温馨、和谐的氛围，鼓励幼儿之间的互动和交流，培养他们的情感表达能力。还可以组织亲子活动，增进家庭情感，让幼儿在充满爱的环境中成长。

（四）城市化进程与自然疏离

现代生活中城市化进程不断加快，幼儿与自然的接触逐渐减少。然而，传统文化中许多内容与自然息息相关，如二十四节气与农业生产、传统节日与自然现象等。这种与自然的疏离可能影响幼儿对传统文化的理解。

在学前教育中，可以通过多种方式拉近幼儿与自然的距离。幼儿园可以开辟自然角、种植园等区域，让幼儿亲自参与种植，观察植物的生长过程；还可以组织户外实践活动，带领幼儿走进公园、郊外，观察自然景观、了解季节变化。在教学活动中，结合自然元素讲解传统文化，如在讲解二十四节气时，带领幼儿到户外感受不同节气的气候特点和自然变化。教师还可以运用多媒体资源，如播放自然纪录片，让幼儿了解大自然的奥秘，增强他们对自然的认知和热爱，从而更好地理解与自然相关的传统文化。

三、新媒体环境下的传播机遇

（一）信息丰富性与文化拓展

新媒体环境拥有海量的信息资源，这为传统文化的传播与拓展提供了前所未有的机遇。在学前教育领域，新媒体可以成为获取丰富传统文化知识的重要渠道。其原因在于新媒体打破了时间和空间的限制，能将世界各地的传统文化信息汇聚起来。

教师可以利用新媒体的这一特性，在教学准备阶段广泛收集各种传统文化素材，如从专业的文化网站、在线教育平台上获取传统故事、民间艺术、历史典故等资料，然后根据幼儿的认知水平和兴趣特点进行筛选与整理。在课堂教学中，通过多媒体设备展示这些内容，让幼儿接触到更广泛、更生动的传统文化知识。例如，利用动画视频介绍中国古代的四大发明，用生动形象的画面和简洁明了的解说让幼儿了解造纸术、印刷术等发明的过程与意义，拓宽幼儿对传统文化的认知视野。

（二）互动性强与兴趣激发

新媒体具有高度的互动性，能极大地激发幼儿对传统文化的兴趣。与传统的单向传播方式不同，新媒体允许幼儿参与其中，进行互动交流。这是因为幼儿天生具有好奇心和探索欲，喜欢通过亲身体验和互动来学习。

在学前教育中，可以利用互动式的新媒体应用程序或在线平台。比如，设计一些与传统文化相关的小游戏，让幼儿在游戏中了解传统节日的习俗、古代礼仪等知识。像猜灯谜游戏，幼儿通过选择答案了解灯谜背后的文化内涵和寓意，在互动中感受传统文化的乐趣。还可以设置在线讨论区，鼓励幼儿发表自己对传统文化的看法和感受，教师及时给予反馈和引导，增强幼儿的参与感和主动性，进一步激发他们对传统文化的兴趣。

（三）多媒体呈现与直观感受

新媒体以多媒体的形式呈现信息，包括文字、图片、音频、视频等，能给幼儿带来更直观的感受，有助于他们更好地理解传统文化。这是因为幼儿的思维以形象思维为主，多媒体的呈现方式更符合他们的认知特点。

教师可以充分运用多媒体手段展示传统文化。例如，在介绍传统民间艺术如剪纸时，通过播放剪纸的制作过程视频，让幼儿清晰地看到剪纸艺人如何运用剪刀和纸张创造出精美的图案，同时，配合图片展示不同风格的剪纸作品，再加上教师的讲解，使幼儿能更直观地感受剪纸艺术的魅力。在讲述传统故事时，配上生动的音频，营造出浓厚的故事氛围，让幼儿仿佛身临其境，加深对故事中蕴含的传统文化价值观的理解。

（四）便捷性高与随时学习

新媒体的便捷性使得传统文化教育可以随时随地进行，打破了传统课堂教学的时间和空间限制。无论是在幼儿园、家庭还是其他场所，只要有网络和设备，幼儿就都可以接触到传统文化知识。其原因在于新媒体设备如智能手机、平板电脑等广泛普及，且操作相对简单。

对学前教育来说，可以利用这一特点开展灵活多样的传统文化教育。教师可以推荐一些优质的传统文化教育 App 或在线课程给家长，让家长在家中陪伴幼儿一起学习。幼儿园也可以建立自己的新媒体平台，如微信公众号，定期发布传统文化教育的内容，包括故事、儿歌、手工制作教程等，方便家长和幼儿随时查看与学习。此外，教师还可以利用新媒体平台与家长进行沟通和交流，了解幼儿在家中学习传统文化的情况，共同促进幼儿的成长。

四、教育体系变革中的传承契机

（一）课程设置的优化与整合

在教育体系变革中，课程设置的优化与整合为传统文化的传承提供了重要契机。随着教育理念的更新，课程不再是孤立的知识板块堆砌，而是更注重知识的系统性和连贯性。对传统文化的融入来说，这意味着可以将其有机地整合到各学科领域中。

在学前教育阶段，比如，在语言领域，可以增加传统儿歌、童谣、诗词的教学内容。这些语言作品不仅具有优美的韵律和节奏，还蕴含着丰富的文化内涵。教师可以通过朗诵、歌唱等方式，让幼儿感受语言的魅力和文化的底蕴。在艺术领域，开设传统绘画、剪纸、手工等课程，引导幼儿了解传统艺术的表现形式和审美特点。在科学领域，结合中国古代的科技发明和传统生活智慧，如指南针、造纸术等，激发幼儿的探索兴趣和科学思维。通过这种跨学科的课程整合，使传统文化在不同领域相互渗透，形成一个完整的知识体系，让幼儿在全面学习的过程中深入了解传统文化。

（二）教学方法的创新与变革

教育体系的变革促使教学方法不断创新和变革，为传统文化的传承带来了新机遇。传统的灌输式教学方法已经不能满足现代教育的需求，而更注重幼儿主体地位和体验式学习的方法逐渐受到重视。

在传统文化教育中，教师可以采用情境教学法。例如，在教授传统节日文化时，创设相应的节日情境，如布置教室、准备节日食品、开展节日活动等，让幼儿身临其境，感受节日的氛围和文化意义。还可以运用游戏教学法，设计与传统文化相关的游戏，如猜灯谜、成语接龙等，让幼儿在游戏中学习和传承传统文化。此外，项目式学习法也非常适用，教师可以围绕一个传统文化主题，如"古代建筑"，引导幼儿进行资料收集、实地观察、小组讨论、成果展示等一系列活动，培养幼儿的自主学习能力和合作精神，同时，加深他们对传统文化的理解和认识。

（三）教师素养的提升与发展

教育体系变革对教师素养提出了更高的要求，而教师素养的提升也为传统文化的传承创造了有利条件。教师作为教育活动的实施者，其自身的文化素养和教育能力直接影响着传统文化教育的质量。

为了提升教师的传统文化素养，一方面，学校可以组织教师参加各种传统文化培训和研修活动。这些活动可以涵盖传统文化知识的学习、传统技艺的体验、教育教学方法的研讨等内容。教师通过参加培训，不断丰富自己的传统文化知识储备，提高对传统文化的理解和感悟能力。另一方面，教师自身要树立终身学习的理念，主动阅读相关的传统文化书籍、文献，参加文化讲座和展览等活动，拓宽自己的文化视野。同时，教师在教学实践中要不断反思和总结，探索适合幼儿的传统文化教育方法，将自己的素养提升转化为实际教育成果，更好地引导幼儿传承传统文化。

（四）教育评价体系的完善与改进

教育体系变革中的教育评价体系的完善与改进，对传统文化的传承起着重要的推动作用。科学合理的评价体系不仅能检验教育教学的效果，还能为教育活动的改进提供方向和依据。

在传统文化教育评价中，不能仅仅局限于知识的考核，更要注重幼儿情感态度、价值观和能力的发展。评价方式应多样化，包括观察、访谈、作品分析、幼儿自评和互评等。例如，观察幼儿在传统文化活动中的参与度、表现出的兴趣和好奇心；通过访谈了解幼儿对传统文化的理解和感受；分析幼儿在艺术创作、故事讲述等活动中的作品，评估他们对传统文化的表达和运用能力。同时，评价结果要及时反馈给教师和幼儿，教师可以根据评价结果调整教学策略和方法，幼儿也能从评价中了解自己的进步和不足，进一步激发学习传统文化的动力。通过不断完善和改进教育评价体系，确保传统文化教育的有效性和可持续性。

第二章 学前教育理论基础

第一节 学前教育的概念与发展

一、学前教育的基本定义与范畴

（一）年龄范围的界定

学前教育主要针对正式进入小学教育之前的儿童群体。通常涵盖从出生到 6 岁左右的年龄段。之所以将这个年龄段明确划分出来进行专门的学前教育，是因为这一时期是儿童身心发展的关键阶段。在生理方面，幼儿身体快速成长，大脑发育迅速，各种感官和运动机能不断完善。在心理方面，幼儿认知能力开始萌芽，情感逐渐丰富，社会交往意识初步形成。为了满足这一时期儿童独特的发展需求，学前教育需要有针对性地进行规划。教师应根据不同年龄阶段幼儿的特点来设计教学活动。对于年龄较小的幼儿，重点关注他们的生活自理能力和基本认知的培养，如通过简单的儿歌和游戏认识颜色、形状等；对于年龄稍大些的幼儿，则可以逐渐引入更复杂的知识和技能培养，如阅读简单的绘本、参与小组合作活动等。

（二）教育目标的设定

学前教育的目标具有多维度性。一方面，注重幼儿身体的健康发展。这是因为健康的身体是幼儿进行一切活动的基础。教师通过组织适当的体育活动，如户外游戏、体操等，增强幼儿的体质，培养他们的运动协调能力和对体育运动的兴趣。另一方面，重视幼儿认知能力的培养，包括培养幼儿的观察力、注意力、记忆力、思维能力等。例如，在日常教学中，通过观察动植物、拼图游戏等活动锻炼幼儿的观察力和思维能力。同时，情感和社会交往能力的培养也是关键目标。教师要营造温馨、和谐的班级氛围，鼓励幼儿之间的互动和交流，培养他们的分享、合作、关心他人等品质。通过组织集体活动，如生日会、节日庆祝等，让幼儿体验集体生活的乐趣，增强他们的集体荣誉感和归属感。

（三）教育内容的涵盖

学前教育的内容丰富多样。健康领域包括营养知识、卫生习惯、安全意识等方面的教育。例如，教导幼儿洗手、刷牙的正确方法，了解基本的食品安全知识，以及如何避免日常生活中的安全隐患。语言领域则注重幼儿语言表达能力的培养，包括倾听、说话、阅读、书写的初步技能。教师可以通过故事讲述、儿歌朗诵、绘本阅读等活动丰富幼儿的语言环境，激发他们的语言兴趣。社会领域涵盖社会规则、社会角色、人际关系等方面的教育。通过角色扮演、小组讨论等活动，让幼儿了解家庭、幼儿园、社区等不同环境中的社会关系和行为规范。科学领域涉及自然科学知识和数学思维的培养，如观察自然现象、认识简单的数字和图形等。艺术领域包括音乐、美术、舞蹈等方面的教育，培养幼儿的审美能力和艺术表现力。

（四）教育场所的类型

学前教育可以在多种场所进行。幼儿园是最常见的学前教育场所，它通常具备专业的教师团队、完善的教育设施和丰富的教育资源。幼儿园能为幼儿提供系统的、全面的学前教育服务，根据幼儿的年龄和发展水平制订科学合理的教学计划。家庭也是学前教育的重要场所，父母和其他家庭成员在幼儿的成长中扮演着至关重要的角色。家长可以通过日常生活中的言传身教、亲子活动等方式对幼儿进行教育，如一起阅读故事书、进行家庭游戏等。社区也能发挥重要的教育作用，社区中的图书馆、博物馆、公园等场所可以为幼儿提供丰富的学习资源和体验机会。此外，一些早教机构也为幼儿提供了多样化的学前教育服务，它们通常专注于幼儿某一方面能力的培养，如音乐早教机构、运动早教机构等。

二、学前教育的历史起源与演变

（一）古代学前教育的萌芽

早在古代社会，学前教育便已萌芽。当时的学前教育主要在家庭中进行，这是因为在以农业经济为主导的古代社会，家庭是社会的基本生产和生活单位。父母及长辈承担着教育年幼一代的主要责任。在中国古代，一些贵族家庭非常重视子女的教育，从幼儿时期就开始进行礼仪、道德等方面的培养。例如，通过言传身教的方式教导孩子尊老爱幼、懂礼貌等基本道德规范。这是由于在封建社会，礼仪和道德被视为维护社会秩序与家族荣誉的重要因素。当时的教育内容还包括一些简单的生活技能和文化知识，如识字、计数等，这些知识对于孩子未来的成长和发展具有基础性作用。在教育方法上，主要采用榜样示范和口头教导，长辈通过自身的行为示范和言语讲解传递知识与价值观。

（二）中世纪学前教育的发展

中世纪时期，学前教育在宗教的影响下有了新发展。教会在学前教育中扮演了重要的角色，许多教会开办了幼儿学校或育婴堂。这是因为在中世纪的欧洲，教会拥有强大的社会影响力和资源，他们认为，教育是传播宗教信仰和培养信徒的重要手段。在这些机构中，儿童不仅接受宗教教义的灌输，还学习一些基本的文化知识和生活技能。宗教故事、赞美诗等成为重要的教育内容，通过诵读和讲解这些内容，培养儿童的宗教情感和信仰。在教育方法上，除了传统的口头教导外，还增加了一些仪式和活动，如宗教仪式的参与、唱赞美诗等，以强化宗教教育的效果。然而，这种教育也存在一定的局限性，它过于强调宗教教义，在一定程度上限制了儿童其他方面的发展。

（三）近代学前教育的变革

近代社会，随着工业革命的兴起和社会的变革，学前教育发生了重大的变革。一方面，一些教育家开始关注学前教育的重要性，并提出了新的教育理念和方法。例如，福禄贝尔创立了世界上第一所幼儿园，强调游戏在幼儿教育中的重要性。他认为，游戏是儿童内心活动的表现，是儿童最纯洁、最神圣的活动，通过游戏可以促进儿童的身心发展。同时，蒙台梭利提出了蒙台梭利教育法，重视儿童的自主学习和自我发展。另一方面，政府也开始逐渐介入学前教育，制定相关政策和法规，推动学前教育的普及和发展。一些国家开始建立公立幼儿园，为更多的儿童提供学前教育机会。这是因为随着社会的进步，人们认识到学前教育对于儿童成长和社会发展的重要性，政府有责任为民众提供基本的教育服务。

（四）现代学前教育的多元化

进入现代社会，学前教育呈现出多元化的发展趋势。教育理念更加丰富多样，除了传统的教育理念外，还出现了许多新的教育理念，如多元智能理论、瑞吉欧教育理念等。这些理念从不同的角度关注儿童发展，强调儿童的个性、创造力和全面发展。教育内容也更加广泛，不仅包括传统的文化知识和生活技能，还涵盖科学技术、艺术审美、心理健康等多个领域。教育方法更加灵活多样，综合运用了情境教学、游戏教学、探究式教学等多种方法，以满足不同儿童的学习需求。同时，学前教育的国际化趋势也日益明显，各国之间相互交流和借鉴学前教育的经验与成果。此外，随着信息技术的发展，学前教育也开始利用多媒体、互联网等技术手段，丰富教育资源和教学方式，为儿童提供更加生动、有趣的学习体验。

三、不同国家学前教育的发展特点

（一）美国学前教育的特色

美国的学前教育具有显著的开放性和多元化特点。其开放性体现在教育理念上，强调尊重儿童的个性和兴趣，鼓励儿童自主探索和表达。这是因为美国文化注重个体的自由和独立，这种价值观也反映在学前教育中。在课程设置方面，丰富多样且灵活，涵盖语言、数学、科学、艺术等多个领域。例如，有专门的艺术课程培养儿童的审美和创造力，科学课程引导儿童探索自然世界。在教学方法方面，以游戏和体验式学习为主，通过创设各种情境和活动，让儿童在实践中学习。比如，在幼儿园中设置角色扮演区域，儿童可以通过扮演不同的角色理解社会生活。为了保持这种特色，美国的学前教育机构不断更新教育资源，培训教师掌握先进的教学方法，同时，与家长保持密切沟通，让家庭参与儿童的教育过程。

（二）德国学前教育的风格

德国的学前教育以严谨和注重生活教育为主要特点。德国的学前教育机构非常重视培养儿童的规则意识和自律能力，这源于德国社会整体对秩序和规范的高度重视。在教育内容方面，强调生活技能的培养，如自理能力、家务劳动等。儿童从小就学习自己穿衣、整理物品、参与简单的烹饪活动等，这有助于他们独立生活能力的提升。在环境创设方面，注重营造自然、温馨的氛围，很多幼儿园都有花园和户外活动区域，让儿童亲近自然。为了持续发展这种风格，德国不断加强对学前教育教师的专业培训，使他们能更好地引导儿童在生活中学习。同时，政府也给予学前教育充分的政策支持和资金投入，确保教育机构的硬件设施和软件资源都能满足教育需求。

（三）日本学前教育的特质

日本的学前教育注重礼仪和集体意识的培养。礼仪教育贯穿于整个学前教育阶段，儿童从小就学习各种礼仪规范，如见面问候、用餐礼仪等，这与日本传统文化中对礼仪的高度重视密切相关。在集体活动中，强调团队合作和集体荣誉感，通过小组活动、班级竞赛等形式培养儿童的集体意识。在课程设置方面，除了基础知识的学习外，还注重传统文化的传承，如开设茶道、柔道等特色课程。在教育资源方面，充分利用社会资源，如组织儿童参观博物馆、科技馆等，拓宽儿童的视野。为了强化这些特质，日本的学前教育机构注重教师的榜样作用，教师自身要具备良好的礼仪和集体意识，通过言传身教影响儿童。同时，加强家园合作，家长也积极参与儿童的礼仪和集体意识培养。

（四）法国学前教育的特点

法国的学前教育具有浓厚的艺术氛围和重视自由发展的特点。法国是艺术之都，这种艺术氛围也融入了学前教育中。幼儿园非常重视艺术教育，提供丰富的艺术材料和活动，如绘画、音乐、舞蹈等课程，培养儿童的艺术感知和表达能力。在教育理念上，强调儿童的自由发展，给予儿童充分的自由选择和表达机会。例如，在活动安排上，儿童可以根据自己的兴趣选择参与不同的艺术活动或游戏。为了保持这一特色，法国的学前教育机构不断加强与艺术机构的合作，邀请艺术家到幼儿园进行指导和表演。同时，教师也接受专业的艺术培训，以便更好地引导儿童进行艺术创作和欣赏。政府也通过政策支持，鼓励学前教育机构开展丰富多彩的艺术活动，提升儿童的艺术素养。

四、我国学前教育的发展现状与趋势

（一）教育资源分布与均衡性

当前，我国学前教育在教育资源分布方面存在一定的不均衡性。在经济发达地区，学前教育资源相对丰富，幼儿园的数量较多，设施、设备较为完善，师资力量也相对较强。这主要是因为经济发达地区有更充足的财政投入和社会资源支持。而在一些经济欠发达地区和偏远农村地区，学前教育资源则较为匮乏，幼儿园的数量不足，硬件设施简陋，优秀教师短缺。

为解决这一问题，政府需加大对欠发达地区学前教育的投入，包括资金支持、政策倾斜等。可以设立专项基金，用于改善这些地区幼儿园的基础设施建设，如修建新的园舍、购置教学设备等。同时，加强师资队伍建设，通过定向培养、提高待遇等方式吸引优秀教师到这些地区工作。鼓励发达地区与欠发达地区开展教育对口支援，分享优质教育资源和管理经验，逐步缩小地区之间的差距，促进教育资源的均衡分布。

（二）课程设置与教育理念更新

我国学前教育的课程设置正逐渐走向多元化和科学化。随着教育理念的不断更新，国家越来越重视培养儿童的综合素质。许多幼儿园除了基础的语言、数学、艺术等课程外，还增加了科学探究、社会实践等课程内容。这是因为社会对人才的需求日益多元化，需要从小培养儿童的创新思维和实践能力。

在课程设置的优化上，教育部门和幼儿园应加大对课程研发的投入，组织专家和教师共同研究开发适合我国儿童的课程体系。教师要不断提升自身的专业素养，深入理解新的教育理念，将其融入日常教学活动中。同时，鼓励家长参与课程评价和反馈，形成家园共育的良好局面，共同推动课程设置的不断完善和教育理念的持续更新。

（三）师资队伍建设与专业素养提升

目前我国学前教育师资队伍整体在不断发展壮大，但仍存在一些问题。部分教师的专业素养有待提高，特别是一些非专业出身的教师，在教育教学方法、儿童心理学等方面的知识储备不足。同时，由于学前教育工作压力较大、待遇相对较低等，优秀人才流失现象也时有发生。

为加强师资队伍建设，首先要提高学前教育教师的准入门槛，确保新入职教师具备相应的专业资质和素养。要加大对在职教师的培训力度，通过定期组织专业培训、学术交流等活动，提升教师的专业水平。完善教师评价体系，激励教师不断提升自我。同时，政府和社会应重视提高学前教育教师的待遇与社会地位，增强职业吸引力，留住优秀人才，稳定师资队伍。

（四）政策支持与未来发展趋势

近年来，国家对学前教育的政策支持力度不断加大，出台了一系列政策法规来推动学前教育的发展。这是因为学前教育对于儿童的成长、家庭的幸福，以及国家的未来都具有至关重要的意义。随着政策的推动，我国学前教育未来将朝着更加普及化、优质化、规范化的方向发展。

在未来发展中，政府将继续加大财政投入，新建和改扩建更多的幼儿园，提高学前教育的普及率。加强对幼儿园的监管，规范办园行为，提升办园质量。同时，鼓励社会力量参与学前教育，形成多元化的办园格局。随着信息技术的发展，学前教育也将逐渐引入信息化手段，丰富教育教学资源，提升教育教学效率。此外，还将进一步加强国际交流与合作，借鉴国外先进的学前教育经验，推动我国学前教育与国际接轨，不断适应时代发展的新要求。

第二节　学前教育的重要性与目标

一、对幼儿身心发展的关键作用

（一）认知能力的初步构建

幼儿期是认知能力开始发展的关键阶段，优秀传统文化对其起着至关重要的推动作用。传统文化中丰富的语言资源，如儿歌、童谣、诗词等，能极大地促进幼儿语言能力的发展。幼儿通过诵读和聆听这些富有韵律与节奏的语言形式，逐渐理解词汇的意义、掌握语法结构，提升语言表达和理解能力。例如，简洁而优美的古诗词，能帮助幼儿感受语言的魅力，丰富词汇储备。

在思维能力方面，传统故事中蕴含的逻辑和推理元素，能启发幼儿的思考。像一些寓言故事，通过简单的情节传达深刻的道理，引导幼儿在听故事的过程中学会分析、判断和推理。教师可以在日常教学中，通过讲述这些故事，然后提出一些问题，引导幼儿思考故事中的因果关系和解决问题的方法，逐步培养他们的思维能力。同时，传统文化中的艺术形式，如绘画、剪纸等，能激发幼儿的创造力和想象力。幼儿在欣赏和参与这些艺术活动时，会根据自己的观察和理解进行创作，从而锻炼他们的形象思维和创新思维。

（二）情感体验的丰富深化

优秀传统文化能丰富幼儿的情感体验，培养他们积极健康的情感。传统节日文化就是一个很好的例子，春节的喜庆、中秋节的团圆等节日氛围，能让幼儿感受到家庭的温暖和社会的关爱。在这些节日里，幼儿参与各种庆祝活动，如贴春联、吃月饼等，能深切体会到欢乐、幸福的情感。

传统音乐和舞蹈也具有强烈的情感感染力，欢快的节奏能让幼儿感受到喜悦，舒缓的旋律则能带来宁静。教师可以组织幼儿欣赏和参与传统音乐、舞蹈活动，让他们在艺术氛围中体验不同的情感。此外，传统文化中的道德观念，如尊老爱幼、善良诚信等，通过故事和日常教育的传递，能让幼儿产生对他人的尊重、关爱和同情等情感，有助于他们形成良好的品德和价值观，丰富他们的内心世界，培养他们的情感认知和表达能力，使他们在成长过程中更懂得理解和关心他人。

（三）社会交往能力的逐步培养

优秀传统文化为幼儿提供了丰富的社会交往情境和机会。在传统的民间游戏中，幼儿需要与同伴合作、竞争、沟通。例如，在玩"老鹰捉小鸡"游戏时，幼儿要分工协作，扮演不同的角色，共同完成游戏任务，这一过程中他们学会了相互配合、协商和解决冲突。

传统礼仪文化也有助于幼儿社会交往能力的提升。学习传统礼仪，如见面问好、礼貌用语等，能让幼儿懂得尊重他人，养成良好的社交习惯。幼儿园可以通过开展礼仪教育活动，让幼儿在实际生活中践行礼仪规范，提高他们的社交礼仪水平。同时，在参与传统文化活动时，幼儿会与教师、家长及其他社会人士进行互动，这拓宽了他们的社交圈子，增加了交往机会，使他们逐渐学会如何与不同的人进行有效沟通和交流，培养他们的合作意识和团队精神，为他们适应社会生活奠定基础。

（四）身体素质的有益促进

优秀传统文化中的一些活动对幼儿身体素质的发展具有积极影响。传统武术就是其中之一，幼儿通过练习武术，能锻炼身体的协调性、灵活性和力量。武术动作的一招一式都需要身体各部位的配合，能增强幼儿的肌肉力量和关节灵活性。

传统的体育游戏，如踢毽子、跳绳等，也能提高幼儿的运动能力和耐力。这些游戏简单有趣，容易激发幼儿的参与兴趣。在幼儿园中，教师可以组织幼儿开展这些传统体育活动，制订合理的活动计划和规则，让幼儿在游戏中锻炼身体。此外，一些传统的养生理念，如顺应自然、合理饮食等，也可以通过适当的方式传递给幼儿，培养他们良好的生活习惯和健康意识，促进他们身体的健康成长。同时，参与这些活动还能培养幼儿的毅力和坚忍精神，让他们在面对困难和挑战时更有勇气与信心。

二、为终身学习奠定基础

（一）激发学习兴趣与好奇心

优秀传统文化能激发幼儿对知识的兴趣和好奇心，为他们的终身学习奠定情感基础。优秀传统文化中丰富多样的内容，如神秘的神话传说、精彩的民间故事、美妙的传统音乐等，都能深深吸引幼儿的注意力。例如，神话传说中的神奇人物和奇幻情节，会让幼儿产生强烈的好奇心，想要去了解更多背后的故事和文化内涵。

在学前教育中，教师可以通过生动有趣的讲述、展示等方式，将这些传统文化内容呈现给幼儿。比如，利用多媒体资源播放传统故事动画，或者用富有感染力的声音讲述神话故事，引发幼儿的兴趣。同时，教师还可以设置一些问题，引导幼儿思考和探索，进一步激发他们的好奇心。通过这种方式，让幼儿在接触优秀传统文化的过程中，逐渐形成对知识的渴望和主动探索的精神，为日后的学习提供内在动力。

（二）培养良好学习习惯与态度

优秀传统文化有助于幼儿养成良好的学习习惯和端正的学习态度。传统文化中强调的勤奋、坚持、专注等品质，对幼儿的学习具有重要启示意义。例如，"凿壁偷光""悬梁刺股"等故事传达的刻苦学习精神，可以激励幼儿在学习中不怕困难、坚持不懈。

在日常教育活动中，教师可以通过讲解这些故事，引导幼儿理解其中蕴含的道理。同时，教师要以身作则，在教学过程中表现出认真、专注、负责的态度，为幼儿树立榜样。在学习活动的安排上，要有规律、有计划地进行，培养幼儿的时间观念和自律能力。例如，每天安排固定的阅读时间、手工时间等，让幼儿逐渐适应有规律的学习生活。通过长期的培养和引导，使幼儿养成主动学习、按时完成任务、专注投入等良好的学习习惯和态度。

（三）构建知识体系与认知框架

优秀传统文化为幼儿构建知识体系和认知框架提供了丰富的素材。传统文化涵盖语言、历史、艺术、科学等多个领域的知识，能帮助幼儿初步建立起对世界的全面认识。例如，传统节日文化涉及历史渊源、风俗习惯、地域特色等方面的知识；传统艺术形式如绘画、书法、剪纸等，展示了不同的艺术风格和审美观念。

教师可以根据幼儿的年龄特点和认知水平，有针对性地选择和整合传统文化知识。在语言教育中，可以引入古诗词、儿歌、谚语等，丰富幼儿的语言知识；在艺术教育中，让幼儿欣赏和参与传统艺术创作，培养他们的审美能力和创造力。通过将这些知识有机地融合在教育活动中，帮助幼儿搭建起一个多元化的知识体系和认知框架，使他们在未来的学习中能更好地理解和吸收新知识。

（四）提升思维能力与掌握学习方法

优秀传统文化能促进幼儿思维能力的发展和学习方法的掌握。传统文化中的谜语、对联、智力游戏等，都需要幼儿进行思考和分析，有助于培养他们的逻辑思维、形象思维和创新思维。例如，在猜谜语时，幼儿需要根据谜面提供的线索，运用推理和联想的方法猜出谜底；对联则要求幼儿理解文字的对仗和韵律，培养他们的语言思维能力。

教师可以在教育活动中设计一些与传统文化相关的思维训练活动，比如，组织幼儿进行谜语竞猜、对联创作比赛等；同时，还可以引导幼儿总结学习方法，如在学习古诗词时，教会幼儿如何理解诗意、背诵诗句。通过这些活动和引导，提升幼儿的思维能力，让他们学会运用有效的学习方法，为终身学习奠定能力基础。

三、社会适应能力的初步培养

（一）规则意识的建立

优秀传统文化对于帮助幼儿建立规则意识具有重要意义。在传统文化中，礼仪规范和道德准则都强调了规则的重要性。例如，传统礼仪中的尊老爱幼、长幼有序等观念，其实就是一种基于社会秩序和人际关系的规则体现。

在学前教育中，教师可以通过讲解传统礼仪故事和引导幼儿参与礼仪活动强化规则意识。比如，在集体活动中，教师讲解古代宴会上座次安排体现的长幼有序规则，让幼儿明白在不同场合中存在着一定的秩序和规范。在日常生活中，教师引导幼儿遵守排队、轮流等基本规则，如在洗手、喝水时要排队等待，玩玩具时要轮流使用，等等。通过不断的重复和强化，使幼儿逐渐将这些规则内化为自己的行为习惯，明白遵守规则是社会生活的基本要求，从而为他们适应社会奠定基础。

（二）人际交往能力的提升

优秀传统文化为幼儿提升人际交往能力提供了丰富的资源。传统文化中的许多故事和习俗都强调了与人友好相处、相互帮助的重要性。比如，"孔融让梨"的故事传达了分享和谦让的精神，这种精神在人际交往中非常重要。

教师可以通过故事讲述、角色扮演等方式，让幼儿体会这些人际交往的原则。例如，组织幼儿进行"孔融让梨"的角色扮演活动，让幼儿在扮演中理解分享和谦让的意义。在日常活动中，教师鼓励幼儿主动与同伴交流、合作，如在小组游戏中，引导幼儿学会倾听他人的意见、表达自己的想法，共同完成游戏任务。同时，教师要及时给予肯定和鼓励，强化幼儿积极的交往行为，帮助幼儿逐渐掌握有效的人际交往技巧，提高他们与他人沟通和合作的能力。

（三）文化认同与归属感的形成

优秀传统文化能促进幼儿文化认同感和归属感的形成。每个民族的传统文化都是其身份认同的重要标志，让幼儿接触和了解优秀传统文化，可以让他们从小就对自己的文化有认同感和归属感。例如，传统节日、民间艺术等都是民族文化的重要组成部分。

在学前教育中，教师可以通过开展传统节日庆祝活动、民间艺术欣赏和创作活动等，让幼儿感受传统文化的魅力。比如，在春节期间，组织幼儿一起贴春联、挂灯笼、包饺子，了解春节的文化内涵和传统习俗。通过这些活动，让幼儿认识到自己是民族文化的传承者，增强他们对民族文化的自豪感和归属感，使他们在社会中有更明确的文化身份定位，更从容地适应社会环境。

（四）社会责任感的启蒙

优秀传统文化中蕴含着丰富的社会责任感教育元素。从古代的"天下兴亡，匹夫有责"到现代的社会主义核心价值观，都强调了个人对社会的责任和担当。虽然幼儿还处于年幼阶段，但可以通过优秀传统文化对他们进行社会责任感的启蒙。

教师可以从一些简单的方面入手，如在班级活动中，引导幼儿关心集体、爱护公共物品，培养他们对集体的责任感。同时，通过讲述一些英雄人物和榜样的故事，让幼儿明白个人对社会的贡献和责任。例如，讲述古代爱国英雄保卫国家的故事，让幼儿初步理解个人与社会的关系，激发他们的社会责任感。随着幼儿的成长，这种社会责任感会不断深化和扩展，帮助他们更好地适应社会，为社会做出积极贡献。

四、学前教育的具体目标设定

（一）情感与价值观培养

在学前教育中，情感与价值观的培养至关重要。幼儿正处于情感和价值观初步形成的关键时期，积极健康的情感和正确的价值观将对他们的一生产生深远影响。优秀传统文化中蕴含着丰富的情感和价值观教育资源，如尊老爱幼、诚实守信、勤劳勇敢等。

为了实现这一目标，教师可以通过故事讲述、诗歌朗诵、角色扮演等多种方式，将传统文化中的情感和价值观传递给幼儿。例如，通过讲述"黄香温席"的故事，让幼儿体会到孝顺父母的情感；通过诵读"言必信，行必果"等经典语句，引导幼儿理解诚实守信的重要性。在日常生活中，教师也要以身作则，用自己的言行向幼儿展示积极的情感和正确的价值观，营造一个充满关爱、尊重和信任的教育环境。同时，鼓励幼儿在与同伴的交往中表达自己的情感，学会关心他人、分享快乐、分担痛苦，培养他们的同理心和合作精神。

（二）认知与思维能力提升

认知与思维能力的提升是学前教育的重要目标之一。幼儿的认知和思维处于快速发展阶段，需要通过丰富多样的教育活动激发和培养。优秀传统文化中的许多内容都可以作为培养幼儿认知和思维能力的素材，如谜语、儿歌、民间故事等。

教师可以利用谜语来激发幼儿的思考和推理能力，让他们根据谜面的提示去猜测谜底；通过儿歌帮助幼儿记忆和理解知识，培养他们的语言表达和逻辑思维能力；讲述民间故事，引导幼儿分析故事中的人物、情节和因果关系，锻炼他们的观察力、想象力和判断力。在教学活动中，教师还可以设置一些问题情境，鼓励幼儿自己去探索、发现和解决问题，培养他们的自主学习能力和创新思维。此外，教师还可以提供丰富的操作材料，如拼图、积木、益智玩具等，让幼儿在动手操作的过程中发展空间认知、数理逻辑等能力。

（三）语言与沟通能力发展

语言与沟通能力是幼儿适应社会生活的必备技能。优秀传统文化中的语言资源丰富多样，如古诗词、成语、谚语等，为幼儿语言能力的发展提供了有力支持。

教师可以通过古诗词诵读活动，让幼儿感受语言的韵律美和意境美，丰富词汇量，提高语言表达的准确性和生动性。在日常交流中，引导幼儿运用成语和谚语，增强语言的表现力。组织小组讨论、故事分享等活动，为幼儿提供更多的语言表达和沟通机会。教师要注重倾听幼儿的发言，给予积极的反馈和鼓励，帮助他们克服语言表达的障碍，增强沟通的自信心。同时，培养幼儿良好的倾听习惯，让他们学会尊重他人的发言，理解他人的观点和意图，从而提高双向沟通的效果。

（四）身体与运动技能增强

身体与运动技能的增强对于幼儿的健康成长至关重要。优秀传统文化中也包含着一些与身体运动相关的内容，如传统武术、民间游戏等。

教师可以引入传统武术活动，让幼儿通过练习武术动作，锻炼身体的协调性、灵活性和力量。开展民间游戏，如踢毽子、跳皮筋等，激发幼儿参与运动的兴趣，提高他们的运动技能和耐力。在户外活动中，设置一些具有挑战性的运动项目，如攀爬架、平衡木等，鼓励幼儿勇敢尝试，培养他们的冒险精神和自我保护能力。同时，教师要根据幼儿的年龄特点和身体状况，合理安排运动时间和强度，确保运动的安全性和有效性。通过这些活动，让幼儿在快乐运动中增强身体素质，养成良好的运动习惯和健康的生活方式。

第三节　学前教育课程与教学方法

一、学前教育课程的设计原则

（一）发展适宜性原则

发展适宜性原则在学前教育课程设计中至关重要。发展适宜性原则基于对幼儿身心发展特点和规律的深刻认识。幼儿在不同年龄阶段具有不同的发展水平和需求，课程设计必须与之相适应。在生理方面，幼儿身体快速成长，肌肉力量、协调性等不断发展，因此课程中应包含适量的体育活动和身体锻炼内容，以促进其身体的正常发育；在心理方面，幼儿的认知能力从简单的感知觉逐渐向具体形象思维过渡，注意力、记忆力等也在不断发展。

为遵循发展适宜性原则，教师需要深入了解幼儿在不同年龄段的典型发展特征。在课程目标的设定上，要符合幼儿的年龄层次，既不能过于简单导致幼儿无法获得提升，也不能过于复杂使幼儿产生挫败感。在内容选择上，要贴近幼儿的生活经验和兴趣爱好。例如，对于小班幼儿，可以选择以家庭、幼儿园生活为主题的内容，因为这些是他们最熟悉的；对于中班和大班幼儿，可以逐渐引入更广泛的社会生活和自然科学方面的内容。同时，在教学方法上，要采用直观、形象、生动的方式，如游戏、故事、儿歌等，以满足幼儿的认知特点。

（二）整体性原则

整体性原则强调学前教育课程的各方面应相互联系、相互渗透，形成一个有机的整体。幼儿的发展是一个全面的过程，包括身体、认知、情感、社会等多个领域，课程设计不能将这些领域割裂开来。从身体发展来看，健康的身体是幼儿参与其他活动的基础，因此课程中要有促进身体健康的体育活动和良好生活习惯养成的内容。在认知领域，语言、数学、科学等知识的学习相互关联，例如，在进行科学探索活动时，幼儿需要运用语言来表达自己的发现和想法。

为实现整体性原则，课程设计需要综合考虑各领域的目标和内容。教师在制订教学计划时，要将不同领域的活动有机地结合起来。比如，可以设计一个以"春天"为主题的综合活动，在语言活动中让幼儿学习关于春天的儿歌和故事；在科学活动中引导幼儿观察春天的自然现象和动植物变化；在艺术活动中鼓励幼儿用绘画、手工等形式表现春天；在社会活动中组织幼儿参与春天的户外实践活动，增进与他人的交往和合作。这样，幼儿在一个主题活动中能获得多方面的发展，课程的整体性得到体现。

（三）兴趣性原则

兴趣是幼儿学习的内在动力，兴趣性原则在学前教育课程设计中起着关键作用。幼儿对周围世界充满好奇，对感兴趣的事物会投入更多的注意力和精力。当课程内容和活动形式符合他们的兴趣时，他们会更积极主动地参与学习。例如，大多数幼儿对动物具有浓厚的兴趣，教师可以围绕动物主题设计一系列课程活动，如认识不同动物的特征、生活习性，讲述动物故事，进行动物角色扮演，等等。

为贯彻兴趣性原则，教师需要密切观察幼儿的兴趣爱好和关注点。可以通过与幼儿的日常交流、观察他们在自由活动中的表现等方式了解他们的兴趣。在课程内容的选择上，尽量贴近幼儿的生活和兴趣点。同时，在教学活动的组织形式上，要富有创意和趣味性。例如，采用游戏化的教学方式，将学习内容融入有趣的游戏中，让幼儿在玩中学。还可以利用多媒体资源，如动画、视频等，吸引幼儿的注意力，激发他们的学习兴趣。此外，教师要尊重幼儿的兴趣差异，为具有不同兴趣的幼儿提供多样化的选择和支持。

（四）活动性原则

活动性原则基于幼儿的学习特点和方式。幼儿主要通过直接的感知和实际的操作活动学习，他们在行动中思考、在活动中成长。因此，学前教育课程必须为幼儿提供丰富的活动机会。在身体活动方面，体育游戏、户外锻炼等活动可以发展幼儿的大肌肉动作和训练他们的身体协调性。在认知活动方面，幼儿通过动手操作、实验探究等方式获取知识和经验。例如，在数学活动中，让幼儿通过摆弄实物、进行分类和计数等操作理解数的概念。

为落实活动性原则，教师要精心设计各种类型的活动。在室内活动中，可以设置丰富的区角活动，如建构区、美工区、科学区等，让幼儿在自主选择的活动中获得发展。在户外，可以组织多样化的体育活动和游戏，鼓励幼儿积极参与。在教学活动中，减少单纯的讲授式教学，增加幼儿动手操作和实践体验的环节。例如，在科学实验活动中，让幼儿亲自参与实验操作，观察实验现象，得出结论。同时，教师要为幼儿的活动提供必要的材料和资源支持，确保活动的顺利进行；并且在活动过程中，给予幼儿充分的自主探索空间，引导他们在活动中不断发现问题、解决问题，促进其全面发展。

二、游戏在学前教育课程中的地位

（一）促进身体发展的关键作用

游戏在学前教育课程中对幼儿身体发展起着关键的推动作用。幼儿在游戏过程中，身体的各器官和系统都得到了充分锻炼。在户外游戏，如奔跑、跳跃、攀爬等活动中，能增强幼儿的肌肉力量，提高身体的协调性和灵活性。例如，在玩"老鹰捉小鸡"的游戏时，幼儿需要快速奔跑、突然转向和灵活躲避，这对他们的腿部肌肉力量、身体平衡能力和反应速度都有很好的锻炼效果。室内游戏也同样有助于身体发展。像拼图、积木搭建等手部精细动作游戏，可以锻炼幼儿手指的灵活性和小肌肉群的控制能力。为了更好地发挥游戏促进身体发展的作用，教师可以根据幼儿的年龄和身体发展水平，合理选择和设计游戏。比如，对于小班幼儿，可以多安排一些简单的、运动量较小的游戏，如手指游戏；对于中班和大班幼儿，则可以逐渐增加游戏的难度和运动量，如组织篮球比赛、跳绳比赛等活动，同时，要确保游戏场地的安全和游戏器材的适宜性。

（二）认知能力提升的重要途径

游戏是提升幼儿认知能力的重要途径。在游戏中，幼儿通过对周围事物的观察、思考和探索，不断积累知识和经验，发展认知能力。例如，在角色扮演游戏中，幼儿要模仿各种角色的行为和语言，这需要他们对不同角色的特点和社会生活有一定认知。在建构游戏中，幼儿通过拼图、积木搭建等活动，认识到物体的形状、大小、空间关系等。

教师可以通过引导幼儿参与各种类型的游戏来促进他们认知能力的提升。在科学游戏中，设置一些简单的科学实验，让幼儿观察实验现象，培养他们的观察力和好奇心。在数学游戏中，运用数字卡片、图形拼图等教具，帮助幼儿理解数与量、形状与空间等数学概念。在语言游戏中，组织儿歌朗诵、故事接龙等活动，提高幼儿的语言表达能力和增加他们的词汇量。同时，教师在游戏过程中要给予幼儿适当的启发和指导，鼓励幼儿自己去发现问题、解决问题，提升他们的思维能力。

（三）情感与社会交往的有力支撑

游戏对于幼儿的情感发展和社会交往能力的培养具有重要意义。在游戏中，幼儿能体验到各种情感，如快乐、悲伤、愤怒等，从而学会调节和控制自己的情绪。在与同伴共同游戏的过程中，幼儿学会分享、合作、关心他人，建立良好的人际关系。例如，在小组合作游戏中，幼儿需要共同制定游戏规则、分配任务、互相帮助，这有助于培养他们的团队合作精神和沟通能力。

为了加强游戏在情感与社会交往方面的作用，教师可以创设丰富的游戏情境，鼓励幼儿积极参与。在游戏前，引导幼儿讨论游戏规则和角色分配，培养他们的协商和沟通能力。在游戏过程中，教师要密切观察幼儿的行为和表现，及时发现问题并进行引导。当幼儿之间出现矛盾时，教师不要急于干预，而是鼓励他们自己尝试解决问题，提高他们的社会交往技能和冲突解决能力。在游戏结束后，组织幼儿进行回顾和分享，让他们表达自己在游戏中的感受和收获，进一步强化情感体验和社会交往能力的培养。

（四）激发创造力与想象力的有效手段

游戏是激发幼儿创造力和想象力的有效手段。在游戏中，幼儿可以摆脱现实的束缚，自由地发挥想象，创造出各种新奇的事物和情境。例如，在绘画游戏中，幼儿可以用画笔随意描绘出自己心中的幻想世界；在故事创编游戏中，幼儿可以根据自己的想象编造出各种有趣的故事。

教师可以通过提供丰富多样的游戏材料和宽松自由的游戏环境激发幼儿的创造力与想象力。在美工区投放各种废旧材料、绘画工具等，让幼儿自由地进行创作。在建构区提供不同形状和大小的积木，鼓励幼儿搭建出独特的建筑结构。还可以设置一些开放性的游戏主题，如"神奇的太空旅行""童话城堡"等，让幼儿在广阔的想象空间中自由探索。教师要尊重幼儿的创意和想法，给予鼓励和肯定，激发他们不断创新的热情和动力。

三、常用的学前教育教学方法

（一）直观教学法

直观教学法在学前教育中占据至关重要的地位。其原因在于幼儿的思维以具体形象思维为主，他们对直观、形象的事物更容易理解和接受。直观教学法通过利用实物、模型、图片、视频等直观教具，将抽象的知识转化为具体可见的形象，帮助幼儿更好地理解和掌握学习内容。

例如，在教授动物的特征时，教师可以展示动物的图片或模型，让幼儿观察动物的外形、颜色、大小等特征；在讲解植物的生长过程时，可以播放植物生长过程的视频，使幼儿清晰地看到种子发芽、生长、开花、结果的全过程。在运用直观教学法时，教师要精心选择合适的直观教具，确保教具具有典型性和代表性，能准确地传达教学内容。同时，教师要引导幼儿有目的地观察，提出明确的观察要点和问题，帮助幼儿在观察中获取关键信息，提高观察的效果和学习的质量。

（二）情境教学法

情境教学法在学前教育中发挥着重要作用。这是因为幼儿的学习往往需要在一定的情境中进行，情境能激发幼儿的情感体验和学习兴趣，使他们更积极地参与学习活动。情境教学法通过创设生动、有趣的情境，将学习内容融入情境之中，让幼儿在情境中感受、体验和学习。

比如，在进行语言教学时，可以创设故事情境，让幼儿扮演故事中的角色，进行对话和表演；在进行社会交往教育时，可以创设生活中的购物、就医等情境，让幼儿在模拟情境中学习与人交往的方法和技巧。在创设情境时，教师要根据教学内容和幼儿的特点，选择合适的情境主题和形式。情境要具有真实性和趣味性，能吸引幼儿的注意力。同时，教师要引导幼儿在情境中积极思考、主动探索，充分发挥情境教学法的作用，促进幼儿的全面发展。

（三）游戏教学法

游戏教学法是学前教育中常用且极为有效的教学方法。游戏对于幼儿具有天然的吸引力，是他们最喜爱的活动形式。游戏教学法将教学内容与游戏活动相结合，让幼儿在游戏中学习，在学习中游戏，使学习过程变得轻松、愉快。

在数学教学中，可以设计数字游戏、图形游戏等，帮助幼儿理解数与量、形状与空间等概念；在语言教学中，可以开展儿歌游戏、故事接龙游戏等，提高幼儿的语言表达能力。在运用游戏教学法时，教师要根据教学目标和幼儿的实际情况，选择合适的游戏类型和规则。游戏要具有教育性和趣味性的平衡，既能实现教学目标，又能让幼儿充分享受游戏的乐趣。教师还要在游戏过程中进行适当的引导和指导，确保游戏活动的顺利进行和教学目标的达成。

（四）启发式教学法

启发式教学法在学前教育中具有重要意义。启发式教学法强调教师通过引导、启发幼儿的思维，激发幼儿的学习主动性和积极性，让幼儿自己去发现问题、思考问题、解决问题。启发式教学法符合幼儿认知发展的规律，能培养幼儿的独立思考能力和创新精神。

例如，在科学教育中，教师可以提出一些问题，引导幼儿观察、思考和探索；在艺术教育中，教师可以通过启发幼儿的想象力和创造力，让他们自由地进行艺术创作。在运用启发式教学法时，教师要善于提问，问题要具有启发性和针对性，能引导幼儿的思维方向。教师还要鼓励幼儿大胆表达自己的想法和观点，给予他们充分的思考和探索空间。同时，教师要及时给予幼儿反馈和评价，帮助他们不断完善自己的思维和认知，提高学习效果。

四、家园合作在教学中的重要性

（一）教育理念的一致性

家园合作对于保持教育理念的一致性具有关键意义。家庭和幼儿园是幼儿成长过程中最重要的两个环境，若两者的教育理念存在差异，则会让幼儿感到困惑，影响其认知和行为的发展。在家庭中，家长通常会根据自己的价值观和教育观念来引导孩子；而幼儿园则遵循专业的教育理念和方法。

为确保教育理念的一致性，幼儿园和家庭之间需要加强沟通与交流。幼儿园可以通过家长会、家长学校等方式，向家长传达科学的教育理念和方法，帮助家长了解幼儿园的教育目标和课程设置。家长也应该积极参与幼儿园组织的活动，与教师深入交流，分享自己的教育观念和经验，共同探讨适合幼儿的教育方式。同时，教师和家长在日常交流中要及时反馈幼儿的表现与问题，共同调整教育策略，使家庭和幼儿园的教育理念相互融合，形成统一的教育方向，为幼儿的成长提供稳定的教育环境。

（二）教育资源的互补性

家园合作能实现教育资源的互补。家庭和幼儿园各自拥有独特的教育资源，通过合作可以充分发挥这些资源的作用。家庭中蕴含着丰富的生活经验、文化传统和社会资源，如家族故事、传统习俗等，这些资源可以丰富幼儿的知识和情感体验；幼儿园则拥有专业的教师团队、完善的教育设施和丰富的教学资源，如图书、玩具、多媒体设备等。

为实现资源的互补，幼儿园可以邀请家长参与幼儿园的教学活动，利用家长的专业知识和技能为幼儿开展特色课程或讲座。例如，邀请医生家长讲解卫生保健知识，邀请工程师家长介绍建筑工程，等等。家长也可以利用家庭资源，为幼儿提供实践和体验的机会，如带幼儿参观博物馆、图书馆等场所。同时，幼儿园和家庭还可以共享教育资源，如幼儿园的图书可以借给家长，家长的一些有趣物品或资料也可以分享给幼儿园，共同丰富幼儿的学习和生活资源。

（三）幼儿行为习惯的培养

家园合作对于幼儿良好行为习惯的培养至关重要。幼儿的行为习惯是在日常生活中逐渐形成的，幼儿园和家庭都肩负着培养的重任。在幼儿园中，教师会通过日常的教育活动和班级规则培养幼儿的良好行为习惯，如遵守纪律、文明礼貌、生活自理等；在家庭中，家长的言传身教和家庭氛围对幼儿行为习惯的养成也有着深远影响。

为促进幼儿行为习惯的培养，幼儿园和家庭需要共同制定行为规范与标准，并保持一致。教师要及时向家长反馈幼儿在园的行为表现，家长也要将幼儿在家的情况反馈给教师，双方共同分析幼儿行为背后的原因，采取有针对性的教育措施。例如，如果幼儿在幼儿园出现挑食的现象，教师可以与家长沟通，了解幼儿在家的饮食习惯，共同引导幼儿养成良好的饮食习惯。同时，教师和家长要以身作则，为幼儿树立良好的榜样，用自己的行为影响幼儿，使幼儿在潜移默化中养成良好的行为习惯。

（四）幼儿情感发展的促进

家园合作对幼儿的情感发展具有积极的促进作用。幼儿的情感发展需要一个稳定、和谐、充满关爱的环境，家庭和幼儿园都应该为幼儿提供这样的环境。在家庭中，家人的关爱、陪伴是幼儿情感满足的重要来源，家庭氛围的温馨与否直接影响着幼儿的情感状态；在幼儿园中，教师和同伴的关心、支持也对幼儿的情感发展起着关键作用。

为促进幼儿情感的健康发展，幼儿园和家庭要共同营造关爱、尊重的氛围。教师要关注幼儿的情感需求，给予幼儿充分的关爱和鼓励，培养幼儿的自信心和安全感。家长要注重亲子关系的培养，多与幼儿进行情感交流，倾听幼儿的心声，让幼儿感受到家庭的温暖。同时，幼儿园和家庭要相互配合，共同处理幼儿的情感问题。例如，当幼儿在幼儿园遇到挫折或困难时，教师要及时与家长沟通，家长在家中也要给予幼儿适当的安慰和引导，帮助幼儿克服困难，培养幼儿坚韧不拔的品质和积极乐观的情感态度。

第三章 优秀传统文化融入学前教育的必要性

第一节 培养幼儿民族认同感

一、民族认同感的内涵与意义

（一）文化传承与民族认同感

文化传承是民族认同感的核心基础。一个民族的文化包含着其独特的价值观、信仰、语言、艺术、习俗等，这些元素经过世代的积累和传承，塑造了民族的精神特质和身份标识。民族认同感源于对本民族文化的深刻认知和情感依附。当人们深入了解并认同本民族的文化时，他们就会产生一种归属感和自豪感，进而强化民族认同感。

为了促进文化传承以增强民族认同感，教育起着关键的作用。在学前教育阶段，可以通过故事讲述、儿歌传唱、传统节日庆祝等方式，将民族文化融入日常教学活动中。教师可以向幼儿介绍民族传统故事，如神话传说、民间故事等，让幼儿了解民族的起源、发展和精神内涵。在语言教育方面，重视民族语言的教学，让幼儿从小接触和学习本民族的语言，感受语言承载的文化信息。同时，通过组织传统节日活动，如春节、端午节、中秋节等，让幼儿亲身体验节日的氛围和习俗，加深对民族文化的理解和认同。

（二）历史认知与民族认同感

历史认知对于民族认同感的形成具有深远影响。一个民族的历史记录着其兴衰荣辱、奋斗历程和智慧结晶,是民族精神的重要源泉。了解民族的历史,能让人们明白自己从何而来,先辈经历了怎样的艰难困苦才创造了今天的生活,从而激发对民族的敬仰和热爱之情,增强民族认同感。

在培养历史认知方面,学前教育可以采用适合幼儿的方式。例如,通过生动有趣的绘本、动画等形式展示民族历史故事。教师可以选择一些简单易懂、富有教育意义的历史绘本,向幼儿讲解民族历史上的重要事件和英雄人物。还可以利用图片、模型等教具,直观地呈现历史场景,帮助幼儿建立初步的历史概念。同时,在日常活动中,可以鼓励幼儿分享自己家族的历史故事,让他们明白自己不仅是民族历史的传承者,还是家族历史的延续者,从而增强对民族和家族的认同感。

(三)价值观认同与民族认同感

价值观认同是民族认同感的内在支撑。一个民族共同遵循的价值观,如诚信、友善、团结、奉献等,体现了这个民族的道德准则和行为规范,是这个民族凝聚力的重要体现。当个体认同并践行本民族的价值观时,他就会与民族群体产生强烈的情感共鸣和行为契合,进而加深民族认同感。

在学前教育中培养价值观认同,教师要以身作则,用自己的言行传递正确的价值观。在班级活动中,注重培养幼儿的合作精神和分享意识,例如,组织小组活动,让幼儿在合作中学会相互帮助、共同完成任务。通过故事、游戏等方式,引导幼儿理解诚信、友善等价值观的重要性。例如,讲述一些关于诚信的故事,然后组织幼儿讨论故事中的人物行为,让他们明白诚信是一种重要的品质。同时,鼓励幼儿在日常生活中践行这些价值观,如在与同伴交往中学会友善待人、诚实守信。

(四)身份认同与民族认同感

身份认同是民族认同感的直观体现。个体对自己民族身份的认同,意味着对民族群体的归属和接纳,以及对民族文化、历史和价值观的认同。这种身份认同不仅仅体现在外在的民族特征上,如语言、服饰、习俗等,更体现在内心深处的情感和认知上。

在学前教育中强化身份认同,可以从环境创设入手。在幼儿园的环境布置中融入民族元素，如展示民族服饰、工艺品、绘画作品等，让幼儿在日常环境中感受民族文化的魅力。在教学活动中，引导幼儿了解自己民族的身份特征，如民族的名称、分布区域、独特的文化符号等。同时，组织一些民族特色活动，如民族舞蹈表演、民族美食分享等，让幼儿在参与活动的过程中体验民族身份的独特性，增强对自己民族身份的自豪感和认同感。

二、传统文化与民族认同感的关系

（一）文化符号与民族认同感

传统文化中的文化符号与民族认同感紧密相连。文化符号是一个民族文化的直观体现，承载着丰富的民族内涵和情感。例如，传统建筑，像中国的四合院、徽派建筑等，它们独特的风格和构造不仅仅是建筑艺术的呈现，更代表着特定民族的生活方式和审美观念。传统服饰也是如此，不同民族的服饰在款式、色彩、图案等方面各具特色，反映出民族的历史、文化和价值观。

为了强化文化符号与民族认同感的联系，在学前教育中，可以通过图片、模型等展示文化符号，让幼儿初步认识这些符号的外在特征。教师还可以讲解文化符号背后的意义和故事，帮助幼儿理解其文化内涵。例如，介绍传统服饰上图案代表的吉祥寓意，或者讲解传统建筑的历史背景和功能用途。同时，可以组织幼儿进行文化符号的创作活动，如绘制传统建筑简笔画、设计简单的民族服饰图案等，让幼儿在动手操作中加深对文化符号的理解和情感认同。

（二）传统节日与民族认同感

传统节日在传统文化与民族认同感的关系中起着关键的纽带作用。传统节日蕴含着深厚的历史文化底蕴和民族情感，是民族集体记忆的重要组成部分。每个传统节日都有其特定的庆祝方式和文化内涵，如春节的团圆守岁、贴春联、吃年夜饭，端午节的包粽子、赛龙舟等。这些节日活动不仅传承了民族的文化习俗，还强化了民族成员之间的情感联系和身份认同。

在学前教育中，可以通过开展传统节日庆祝活动增强幼儿的民族认同感。

在节日来临之际，教师可以向幼儿介绍节日的由来、传说和意义，组织幼儿参与节日相关的活动。例如，在春节期间，一起制作春联、灯笼等装饰品，营造节日氛围；在端午节，组织幼儿观看赛龙舟视频，一起包粽子等。通过这些活动，让幼儿亲身感受传统节日的独特魅力，加深对民族文化的体验和认同。

（三）民间艺术与民族认同感

民间艺术是传统文化的瑰宝，与民族认同感息息相关。民间艺术包括剪纸、刺绣、陶瓷、木雕等多种形式，它们以其精湛的工艺和独特的艺术风格展现了民族的创造力与审美追求。民间艺术作品往往反映了民族的生活场景、情感世界和精神信仰，是民族文化的生动体现。

为了促进民间艺术与民族认同感的融合，学前教育可以将民间艺术引入课堂。教师可以展示各种民间艺术作品，引导幼儿欣赏其艺术特点和文化内涵。同时，可以组织幼儿参与简单的民间艺术创作活动，如剪纸、绘画、手工制作等。例如，让幼儿尝试剪一些简单的窗花，或者用彩泥制作一些具有民族特色的小工艺品。通过亲身体验民间艺术的创作过程，幼儿能更深入地感受民族文化的魅力，增强对民族的认同感和自豪感。

（四）传统价值观与民族认同感

传统文化中的传统价值观是民族认同感的精神内核。传统价值观如尊老爱幼、勤劳善良、诚实守信、团结友爱等，是一个民族在长期的历史发展过程中形成的道德准则和行为规范，它们体现了民族的精神品质和价值追求。这些传统价值观不仅影响着个体的行为和思维方式，还维系着民族的团结和稳定，是民族认同感的重要源泉。

在学前教育中，培养幼儿对传统价值观的认同至关重要。教师可以通过故事讲述、儿歌传唱、角色扮演等方式，将传统价值观融入日常教学活动中。例如，讲述一些关于尊老爱幼的故事，让幼儿明白尊敬长辈、关爱他人的重要性；通过儿歌传达诚实守信的价值观。在班级生活中，教师要注重引导幼儿践行传统价值观，如鼓励幼儿互相帮助、分享玩具，培养团结友爱的精神。同时，教师也要以身作则，用自己的言行诠释传统价值观，为幼儿树立良好的榜样。

三、学前教育中培养民族认同感的途径

（一）课程内容的融入

在学前教育中，将培养民族认同感融入课程内容是至关重要的途径。课程是幼儿获取知识和价值观的主要渠道，通过精心设计和选择课程内容，可以有效地传递民族文化和民族精神。在语言课程中，可以增加民族经典故事、儿歌、诗歌等。这些语言作品不仅能提升幼儿的语言表达能力，还蕴含着丰富的民族文化元素。比如，一些古老的传说故事，传递着民族的智慧和价值观，幼儿在聆听和学习的过程中，能逐渐感受到民族文化的魅力。

在艺术课程方面，引入民族音乐、舞蹈、绘画、手工等内容。民族音乐独特的旋律和节奏能激发幼儿的情感共鸣；舞蹈中优美的动作和姿态可以展现民族的风情；绘画和手工活动可以让幼儿用自己的方式表达对民族文化的理解，例如，绘制民族服饰、制作民族手工艺品等。通过这些课程内容的融入，让幼儿在日常学习中潜移默化地接受民族文化的熏陶，培养对民族的认同感。

（二）校园文化的营造

校园文化对幼儿民族认同感的培养起着重要的推动作用。校园环境是一种无声的教育力量，精心营造具有民族特色的校园文化，能让幼儿时刻沉浸在民族文化的氛围中。在校园的布置上，可以展示民族艺术品、传统手工艺品、民族英雄画像等。这些物品不仅具有装饰作用，还能引发幼儿的好奇心，激发他们对民族文化的兴趣。

同时，开展丰富多彩的校园文化活动也是关键。例如，举办民族文化节，在特定的时间集中展示各民族的文化特色，包括民族美食分享、民族服饰展示、民族歌舞表演等活动。还可以组织民族文化主题周，每周选择一个民族为主题，深入介绍该民族的文化习俗、历史故事等。通过这些活动，让幼儿在轻松、愉快的氛围中体验和感受民族文化，增强民族自豪感和认同感。

（三）教师的引导示范

教师在学前教育中对培养幼儿民族认同感具有不可替代的引导示范作

用。教师自身对民族文化的理解和认同程度，会直接影响幼儿的认知和情感。教师应该深入学习和了解民族文化知识，提升自己的民族文化素养，这样才能在教学和日常互动中准确地传递民族文化信息。

在教学过程中，教师要善于运用生动有趣的方式引导幼儿认识民族文化。例如，在讲解民族传统习俗时，可以通过图片、视频、故事等多种形式，让幼儿更直观地理解。在日常行为中，教师也要以身作则，践行民族传统美德，如尊重长辈、团结友爱等，为幼儿树立良好的榜样。当幼儿对民族文化提出疑问或困惑时，教师要耐心地解答和引导，帮助幼儿建立正确的民族文化认知和价值观。

（四）家园共育的协同

家园共育是培养幼儿民族认同感的重要途径之一。家庭和幼儿园是幼儿成长的两个关键环境，只有两者协同合作，才能取得更好的教育效果。幼儿园可以通过家长会、家长讲座等方式，向家长宣传民族文化教育的重要性，引导家长重视对幼儿民族认同感的培养。

家长可以在家庭生活中融入民族文化元素，比如，给幼儿讲述家族的历史和民族故事，带领幼儿参加民族文化活动，一起制作民族传统美食，等等。幼儿园也可以邀请家长参与幼儿园的民族文化主题活动，让家长与幼儿共同体验和学习民族文化。通过家园之间的密切合作，形成教育合力，共同促进幼儿民族认同感的培养和提升。

第二节　提升幼儿文化素养

一、文化素养的概念与构成

（一）知识储备

知识储备是文化素养的基础构成部分。它涵盖各领域的知识，包括但不限于历史、文学、科学、艺术等。拥有丰富的知识储备能让人更好地理解世界和自身所处的社会环境。在历史方面，了解人类社会的发展历程、不同时期的重大事件和人物，能让人吸取前人的经验教训，培养宏观的思维视野；文学知识则赋予人们对语言文字的深刻理解和感悟能力，提升表达和沟通的水平；科学知识帮助人们认识自然规律和科技发展，培养理性思维和问题解决能力；艺术知识能让人欣赏和理解各种艺术形式，丰富情感体验和审美情趣。

为了提升知识储备，人们需要保持持续学习的态度。可以通过阅读各类书籍、报纸、杂志，参加学术讲座、培训课程等方式拓宽知识面。在学前教育领域，教师可以通过有针对性的课程设计和教学活动，向幼儿传授基础的知识，为他们未来的知识积累打下坚实基础。例如，通过讲述简单的历史故事、朗读儿歌和绘本、展示科学小实验、欣赏艺术作品等，激发幼儿对不同领域知识的兴趣和好奇心。

（二）价值观与道德观

价值观和道德观是文化素养的核心内涵。价值观决定了一个人对事物的重要性判断和取舍标准，而道德观则规范着人们的行为准则和社会交往。积极健康的价值观和道德观能引导人们做出正确选择，促进个人成长和社会和谐。例如，诚实、善良、公正、责任感等价值观和道德观在社会生活中起着至关重要的作用。

培养正确的价值观和道德观需要从家庭、学校与社会等多个层面共同努力。在家庭中，父母的言传身教和家庭氛围的营造对孩子价值观与道德观的形成起着关键影响。在学校教育中，教师通过课堂教学、品德教育活动等方式，向幼儿传递正确的价值观和道德观。在社会层面，良好的社会风气和舆论导向也有助于人们树立正确观念。对学前教育来说，教师要注重自身的品德修养，以榜样的力量影响幼儿，通过故事、游戏等活动，引导幼儿理解和践行基本的道德规范，培养他们正确的价值观。

（三）审美能力

审美能力是文化素养的重要体现。它包括对美的感知、欣赏、评价和创造能力。审美能力能让人们发现生活中的美，提升生活品质和精神境界。对美的感知是审美能力的基础，人们通过视觉、听觉、触觉等感官去感受周围环境中的美好事物；欣赏能力则是在感知的基础上，进一步理解和体会美的内涵和价值；评价能力使人们能对美进行理性的分析和判断，形成自己的审美标准；创造能力则是将审美理念转化为实际的艺术作品或生活方式。

提升审美能力可以通过接触优秀的艺术作品、参与艺术活动、欣赏自然美景等方式。在学前教育中，教师可以通过音乐、绘画、手工等艺术课程，培养幼儿的审美感知和创造能力。例如，播放优美的音乐让幼儿感受旋律和节奏的美，引导幼儿用画笔和彩泥表达自己对美的理解。同时，营造优美的校园环境和班级氛围，让幼儿在潜移默化中提升审美水平。

（四）思维方式

思维方式是文化素养的内在支撑。不同的文化背景会塑造出不同的思维方式，它影响着人们对问题的分析、判断和解决。理性思维强调逻辑推理、事实依据和客观分析，感性思维注重情感体验和直觉感受。批判性思维能让人对信息进行质疑、分析和评估，避免盲目接受。创新思维则鼓励人们突破常规，提出新颖的观点和方法。

培养良好的思维方式需要注重教育和自我训练。在教育过程中，教师可以通过提问、讨论、案例分析等教学方法，激发幼儿的思维活力。在日常生活中，人们可以通过阅读、思考、交流等方式不断锻炼自己的思维能力。对于学前教育，教师要根据幼儿的年龄特点，采用适合的方式培养他们的思维能力。例如，通过简单的问题引导幼儿思考，组织小组讨论让幼儿学会倾听和表达不同的观点，开展创意活动鼓励幼儿发挥想象力和创造力。

二、优秀传统文化对文化素养提升的作用

（一）丰富知识体系

优秀传统文化对丰富个人的知识体系起着显著作用。优秀传统文化涵盖众多领域，如历史、文学、哲学、艺术等。在历史方面，它承载着一个民族和国家的发展脉络，包含着无数先辈的智慧和经验。从古老的传说到各朝代的兴衰更替，这些历史知识能让人深刻理解社会的变迁和人类的进步。文学

领域更是丰富多彩，诗词歌赋、经典名著等都是优秀传统文化的瑰宝。诗词歌赋以其精练的语言和深远的意境传达着古人的情感与思考，经典名著则以生动的故事和深刻的内涵展现着丰富的社会生活与人性百态。

为了更好地利用优秀传统文化丰富知识体系，人们可以通过阅读经典著作、参加文化讲座、参观博物馆等方式。在学前教育阶段，教师可以通过讲述简单的历史故事、诵读经典诗词等方式，让幼儿初步接触和了解优秀传统文化。教师可以选择适合幼儿年龄的故事和诗词，用生动有趣的方式进行讲解，激发幼儿的兴趣和好奇心，为他们未来深入学习优秀传统文化奠定基础。

（二）塑造价值观

优秀传统文化在塑造正确的价值观方面发挥着关键作用。传统文化中蕴含着许多积极向上的价值观，如仁爱、诚信、正义、勤劳等。仁爱强调关爱他人、尊重生命，有助于培养人们的同情心和善良品质；诚信是社会交往的基本准则，能建立良好的人际关系和社会秩序；正义追求公平、公正，维护社会的和谐稳定；勤劳则是创造财富和实现个人价值的重要品质。这些价值观经过千百年的传承和积淀，成了民族精神的重要组成部分。

在吸收优秀传统文化塑造价值观的过程中，教育起着至关重要的作用。学校可以将优秀传统文化融入品德教育中，通过课堂讲解、主题活动等形式，让学生深入理解和践行这些价值观。家庭也应该注重传统文化的传承，家长可以通过言传身教，向孩子传递优秀的传统价值观。在社会层面，利用各种媒体和文化活动，宣传和弘扬优秀传统文化中的价值观，营造良好的社会氛围。对于学前儿童，教师可以通过故事、游戏等方式，让他们在轻松、愉快的氛围中感受和理解这些价值观，如通过讲述《狼来了》的故事培养诚信意识。

（三）提升审美水平

优秀传统文化对提升审美水平具有重要意义。传统文化中的艺术形式多样，如书法、绘画、音乐、舞蹈、建筑等，每种艺术形式都蕴含着独特的审美价值。书法以其线条的变化和字体的结构展现艺术魅力，绘画通过色彩和构图表达情感与意境，音乐以旋律和节奏打动人心，舞蹈以优美的动作展现人体的美，建筑则以其独特的风格和结构体现出和谐之美。

为了借助优秀传统文化提升审美水平，人们可以积极参与艺术欣赏和创作活动。参观艺术展览，欣赏传统音乐、舞蹈表演，学习书法、绘画等，都能让人近距离感受优秀传统文化的美。在学前教育中，教师可以引导幼儿欣赏传统艺术作品，如展示古代绘画、播放古典音乐等，培养幼儿的审美感知能力；还可以组织幼儿进行简单的艺术创作活动，如用彩笔绘画、用手工材料制作传统工艺品等，让幼儿在实践中体验创造美的乐趣。

（四）培养思维能力

优秀传统文化对培养思维能力也有着积极影响。传统文化中的哲学思想、经典著作等蕴含着深刻的逻辑思维和辩证思维。例如，道家的"阴阳"观念、儒家的"中庸"思想等，都体现了古人对事物的辩证认识和思考。经典著作中的智慧和思考方式，能启发人们的思维，培养分析问题和解决问题的能力。

在利用优秀传统文化培养思维能力时，可以通过阅读和研究经典著作深入挖掘其中的思维方法。学校可以开设相关的课程或研讨活动，引导学生思考和分析传统文化中的思维智慧。在日常生活中，人们也可以通过思考传统文化中的名言警句、哲学观点等，锻炼自己的思维能力。对于学前儿童，教师可以通过提问、引导讨论等方式，激发幼儿的思考，如在讲述传统故事时，提出一些简单的问题，让幼儿思考故事中的因果关系和人物行为的合理性。

三、学前教育中融入传统文化提升文化素养的方法

（一）课程设计

在学前教育的课程设计中融入传统文化是提升文化素养的关键途径。课程是幼儿获取知识和培养能力的主要渠道，因此需要精心规划。在语言课程方面，可以增加经典诗词诵读、传统故事讲述等内容。经典诗词语言优美、韵律和谐，能提升幼儿的语言感知力和表达能力。传统故事蕴含着丰富的文化内涵和道德教育意义，如《孔融让梨》传递了谦让的美德。在艺术课程中，

可以引入传统绘画、民间音乐、民族舞蹈等元素。例如，让幼儿欣赏中国传统水墨画，感受其独特的笔墨韵味和意境；学习简单的民间童谣和民族舞蹈，体验不同民族的音乐和舞蹈风格。

为确保课程的有效实施，教师需要深入研究传统文化内容，根据幼儿的年龄特点和认知水平进行筛选与改编。同时，制订合理的教学计划，明确教学目标和方法，使传统文化在课程中有机融合，让幼儿在学习中逐渐提升文化素养。

（二）环境创设

环境对幼儿的成长和学习具有深远影响，通过创设富有传统文化氛围的环境可以潜移默化地提升幼儿文化素养。在幼儿园的室内外环境布置中融入传统文化元素。室内可以悬挂中国传统书画作品、张贴剪纸、摆放民间工艺品等；室外可以设置具有传统文化特色的景观，如中式园林风格的小角落、传统建筑模型等；在班级环境中，设置传统文化主题区角，如书法区、茶艺区、民间游戏区等。

在环境创设过程中，教师要引导幼儿积极参与，让他们一起动手制作一些传统文化装饰品，如共同绘制京剧脸谱、制作纸灯笼等。这样不仅能增强幼儿对传统文化的理解和体验，还能培养他们的动手能力和创造力。同时，教师要注重对环境的讲解和引导，帮助幼儿理解环境中蕴含的文化意义。

（三）活动组织

组织丰富多彩的传统文化活动是提升幼儿文化素养的重要方式。可以开展传统节日庆祝活动，如在春节期间，组织幼儿写春联、贴福字、制作传统美食；在端午节时，一起包粽子、赛龙舟等。还可以举办传统文化体验活动，如汉服日，让幼儿穿上汉服，体验古代礼仪；开展民间游戏活动，如踢毽子、跳皮筋、滚铁环等。此外，组织传统文化主题表演活动，如故事表演、诗歌朗诵、民族舞蹈演出等。

在活动组织中，教师要充分考虑幼儿的兴趣和参与度，活动的内容和形式要符合幼儿年龄特点。在活动前，要做好充分的准备工作，包括活动材料的准备、活动流程的规划等；在活动过程中，要给予幼儿充分的自主探索和体验机会，引导他们积极参与、主动思考；活动后，要及时进行总结和评价，巩固幼儿在活动中获得的知识和体验。

（四）家园合作

家园合作对于在学前教育中融入传统文化至关重要。家庭是幼儿成长的重要环境，家长的参与和支持能增强教育效果。幼儿园可以通过家长会、家长讲座等形式，向家长宣传传统文化教育的重要性，指导家长在家庭中开展传统文化教育活动。例如，家长可以在家庭生活中给幼儿讲述家族历史、传统习俗等，与幼儿一起观看传统文化节目、阅读传统故事书籍等。

同时，幼儿园可以邀请家长参与幼儿园的传统文化活动，如在传统节日庆祝活动中，邀请家长与幼儿一起制作节日美食、参与表演等。通过家园合作，形成教育合力，共同促进幼儿对传统文化的认知和理解，提升他们的文化素养。

四、文化素养评估与反馈机制

（一）观察与记录

观察与记录是文化素养评估与反馈机制的基础。通过对幼儿在日常学习与生活中的行为表现、参与活动的态度和方式等方面进行细致观察，可以获取关于他们文化素养发展的重要信息。教师可以观察幼儿在传统文化相关活动中的参与度，如在传统节日庆祝活动中，是否积极参与、是否表现出对节日文化的兴趣和理解；在艺术课程中，对传统艺术形式的反应和表现，能否专注欣赏、是否有尝试创作的意愿。

在记录方面，教师可以采用文字记录、照片记录、视频记录等多种方式。文字记录可以详细描述幼儿的行为表现、语言表达和情感反应等，照片记录和视频记录则可以更直观地呈现幼儿在活动中的状态。例如，记录幼儿在诵读经典诗词时的表情和声音，在绘制传统绘画作品时的创作过程和成果。观察与记录应该持续进行，并且定期进行整理和分析，以便全面了解幼儿文化素养的发展变化。

（二）作品分析

幼儿的作品是他们文化素养的一种直观体现。在学前教育中，幼儿会创作各种与传统文化相关的作品，如绘画、手工、故事创作等。通过对这些作品的分析，可以评估他们对传统文化的理解和表达能力。在绘画作品中，可以观察幼儿对传统色彩、图案、形象的运用，以及画面传达的主题和情感；手工作品可以反映幼儿对传统工艺技巧的掌握和创新能力；故事创作可以体现幼儿对传统故事的理解和再创作能力。

教师在进行作品分析时，要结合幼儿的年龄特点和发展水平，以鼓励和引导为主。例如，对于幼儿绘制的传统节日主题画，教师可以关注画面中是否出现了节日的典型元素，如春节的鞭炮、春联，中秋节的月亮、月饼等，以及幼儿对这些元素的表现方式。同时，教师要给予幼儿反馈，肯定他们的努力和进步，提出改进的建议和方向，帮助他们不断提升文化素养。

（三）交流与访谈

交流与访谈是了解幼儿文化素养的重要途径。教师可以与幼儿进行面对面的交流，询问他们对传统文化的感受、理解和体验。例如，在学习了一首经典诗词后，询问幼儿对诗词的理解和喜欢的原因；在参加了传统民间游戏活动后，询问幼儿的游戏感受和收获。交流既可以是个别交流，也可以是小组交流，让幼儿有机会充分表达自己的想法。

访谈还可以包括与家长的交流。家长对幼儿在家庭中的文化体验和表现有更深入的了解，通过与家长的沟通，可以获取更全面的信息。教师可以通过家长会、家访、家长问卷等方式与家长进行交流，了解幼儿在家庭中接触传统文化的情况，以及家长对幼儿园文化素养教育的意见和建议。在交流与访谈过程中，教师要认真倾听，给予积极的回应和反馈，营造良好的沟通氛围。

（四）综合评估与反馈

综合评估是指将观察与记录、作品分析、交流与访谈等多种评估方式的结果进行整合，形成对幼儿文化素养的全面、客观的评价。在综合评估中，要考虑到幼儿的个体差异和发展阶段，避免片面和单一的评价。例如，有些幼儿可能在语言表达方面对传统文化理解较深，而有些幼儿则在艺术创作方面表现出更强的能力。

反馈是评估的重要环节，教师要根据评估结果及时向幼儿和家长提供反馈。对幼儿的反馈要具体、明确、积极，让他们知道自己的优点和进步，同时，也了解需要改进的地方。反馈可以采用口头表扬、奖励、个别指导等方式。对家长的反馈可以通过家长会、书面报告等形式，让家长了解幼儿在幼儿园的文化素养发展情况，共同促进幼儿的成长。同时，教师也要根据评估和反馈的结果，及时调整教育教学策略，优化课程设置和活动组织，不断提升文化素养教育的质量。

第三节　促进幼儿全面发展

一、幼儿全面发展的内涵与目标

（一）身体成长与健康

身体成长与健康是幼儿全面发展的基础。幼儿阶段是身体快速发育的时期，良好的身体状况对于他们参与各种学习和活动至关重要。身体成长包括身高、体重的正常增加，身体各器官系统的逐渐成熟；健康则涵盖合理的饮食、充足的睡眠、适当的运动及良好的卫生习惯等多个方面。

在学前教育中，要确保幼儿获得身体成长与健康发展，需要从饮食管理入手。幼儿园应提供营养均衡的膳食，包含丰富的蛋白质、碳水化合物、维生素和矿物质等，以满足幼儿身体发育的需求。在睡眠方面，要保证幼儿有充足的睡眠时间，创设安静、舒适的睡眠环境，帮助他们养成良好的睡眠习惯。运动也是关键，教师应组织丰富多彩的体育活动，如户外游戏、体操等，锻炼幼儿的大肌肉动作和小肌肉动作，提高他们的身体协调性和运动能力。同时，加强卫生教育，教导幼儿正确洗手、刷牙等卫生习惯，预防疾病传播。

（二）认知能力发展

认知能力发展在幼儿全面发展中占据重要地位。认知能力包括感知觉、注意力、记忆力、思维能力和想象力等方面。感知觉的发展使幼儿能通过视觉、听觉、嗅觉、味觉和触觉等感官去认识世界，注意力的集中有助于他们专注地学习和探索，记忆力的提升能帮助他们积累知识和经验，思维能力的培养让他们学会分析、综合、判断和推理，想象力则为他们的创造力提供了源泉。

为促进幼儿认知能力的发展，教师可以在教学活动中运用多种方法。比如，通过直观教具、实物展示等方式，丰富幼儿的感知经验；在课堂上设置有趣的问题和任务，吸引幼儿的注意力，培养他们的专注能力；采用故事、儿歌、游戏等形式帮助幼儿记忆知识；组织讨论、探究活动，鼓励幼儿积极思考，发展思维能力；提供自由创作和想象的空间，如绘画、手工、故事创编等活动，激发幼儿的想象力。

（三）情感与社会交往

情感与社会交往是幼儿全面发展不可或缺的部分。情感发展包括幼儿对自身情绪的认知、表达和调节，以及对他人情感的理解和共情。社会交往能力则涉及幼儿与他人互动、合作、分享、解决冲突等方面。积极健康的情感和良好的社会交往能力有助于幼儿建立自信、适应集体生活、形成良好的人际关系。

在学前教育中，教师要注重营造充满关爱和尊重的环境，让幼儿感受到温暖和安全，从而敢于表达自己的情感。通过情感故事、角色扮演等活动，帮助幼儿认识不同的情绪，学习恰当的情感表达方式。在社会交往方面，组织小组活动和集体游戏，鼓励幼儿与同伴合作完成任务，学会分享和互助。当幼儿之间发生冲突时，教师要引导他们学会沟通、协商，以和平的方式解决问题。同时，教师自身也要成为幼儿的良好榜样，展示积极的情感态度和良好的社会交往行为。

（四）语言表达与沟通能力

语言表达与沟通能力对幼儿的全面发展起着关键作用。语言是思维的工具，也是幼儿与他人交流、获取信息、表达自己需求和想法的重要手段。幼儿的语言表达包括口语表达、倾听理解、阅读和书写准备等方面。

为提升幼儿的语言表达与沟通能力，教师要创造丰富的语言环境。在日常活动中，多与幼儿交流，鼓励他们大胆发言，耐心倾听他们的表达。开展故事讲述、儿歌朗诵等活动，丰富幼儿的词汇量和语言表达技巧。设置阅读角，提供适合幼儿的图书，培养他们的阅读兴趣和习惯。通过绘画、符号等形式，引导幼儿进行简单的书写准备活动。同时，鼓励幼儿之间的交流互动，让他们在与同伴的交往中不断提高语言能力。

二、优秀传统文化对幼儿各方面发展的促进

（一）身体发展

优秀传统文化中的传统体育活动对幼儿身体发展具有显著的促进作用。比如，五禽戏，它模仿虎、鹿、熊、猿、鸟五种动物的动作和神态，动作舒缓而富有节奏。幼儿在练习五禽戏的过程中，身体的各关节都得到充分活动，肌肉力量也会逐渐增强。其原因在于这些动作涵盖多种身体运动方式，包括伸展、扭转、跳跃等，能全面锻炼幼儿的身体机能。

在学前教育中，教师可以先通过视频、图片等资料向幼儿展示五禽戏的魅力，激发他们的学习兴趣。然后将五禽戏的动作分解，逐步教授给幼儿，让他们能轻松理解和掌握。同时，教师要注意观察幼儿的身体反应，根据他们的体能状况调整练习的强度和时间。还可以在五禽戏练习中融入一些游戏元素，增加趣味性，让幼儿在快乐中锻炼身体。

（二）认知发展

优秀传统文化中的民间工艺对幼儿认知发展有着重要意义。例如，剪纸，它需要幼儿观察图案的形状、线条和结构，这有助于培养幼儿的观察力；在

剪纸的过程中，幼儿需要思考如何折叠纸张、如何下剪才能剪出想要的图案，这能锻炼他们的思维能力；而且，了解剪纸蕴含的文化背景和寓意，还能拓宽幼儿的知识面。

教师可以先向幼儿展示一些精美的剪纸作品，引发他们的好奇心。然后从简单的图形开始，如圆形、三角形等，教幼儿如何用剪刀剪出这些图形。随着幼儿技能的提升，逐渐增加剪纸的难度和复杂度。同时，教师可以给幼儿讲解剪纸作品中包含的文化元素，如一些传统图案代表的吉祥寓意等，让幼儿在动手操作的同时，加深对传统文化的认知。

（三）情感与社会交往发展

优秀传统文化中的传统节日活动对幼儿情感与社会交往发展起着积极的推动作用。以中秋节为例，在庆祝中秋节的活动中，幼儿可以一起品尝月饼、分享美食，这能让他们感受到分享的快乐和集体的温暖。同时，幼儿在与同伴、教师和家人共同参与活动的过程中，会增强彼此之间的情感交流和互动。

在学前教育中，教师可以组织幼儿一起制作月饼，让他们体验劳动的乐趣和合作的重要性；还可以开展中秋故事分享会，让幼儿了解中秋节的来历和传说，培养他们对传统文化的情感认同。在活动过程中，鼓励幼儿积极表达自己的感受和想法，与他人进行友好的交流和互动，提升他们的社会交往能力。

（四）语言发展

优秀传统文化中的童谣和儿歌对幼儿语言发展具有很大的帮助。这些童谣和儿歌语言简洁明快、韵律优美、朗朗上口，幼儿在诵读的过程中，能提高语言的节奏感和韵律感，丰富词汇量，增强语言表达能力。而且，童谣和儿歌中往往包含着丰富的文化内涵与生活常识，能拓宽幼儿的知识视野。

教师可以在日常教学中，安排专门的童谣和儿歌诵读时间。先带领幼儿一起朗读，让他们感受语言的韵律和节奏，然后鼓励幼儿自己尝试朗诵。还可以组织幼儿进行童谣和儿歌改编活动，激发他们的创造力和想象力。同时，教师可以给幼儿讲解童谣和儿歌中词语与句子的含义，帮助他们更好地理解和运用语言。

三、整合优秀传统文化促进幼儿全面发展的策略

（一）课程融合

将优秀传统文化融入学前教育课程是促进幼儿全面发展的关键策略。在语言课程中，可以引入经典诗词、民间故事和传统童谣。经典诗词具有优美的语言和深刻的内涵，能丰富幼儿的词汇，培养语感和审美能力；民间故事充满奇幻色彩和生活智慧，能激发幼儿的想象力和思考能力；传统童谣则节奏明快，朗朗上口，有助于幼儿语言表达和记忆能力的提升。

在艺术课程方面，融入传统绘画、民间工艺、民族音乐和舞蹈等内容。例如，让幼儿学习国画的基本技法，感受笔墨的韵味和意境；体验剪纸、陶艺等民间工艺，锻炼手部精细动作和创造力；欣赏民族音乐，参与民族舞蹈活动，培养节奏感和艺术表现力。在科学课程中，可结合传统节日、节气等讲解自然科学知识，如在春节时介绍年兽传说与历法知识，在二十四节气中讲解季节变化和农业生产的关系。教师要根据幼儿的年龄特点和认知水平，精心选择和改编传统文化内容，使其符合幼儿的学习需求。

（二）环境创设

通过环境创设营造浓厚的优秀传统文化氛围，对幼儿全面发展具有潜移默化的影响。在幼儿园的室内外空间，可以展示传统艺术作品，如悬挂国画、张贴剪纸、摆放民间工艺品等。在走廊、教室墙壁等地方，布置与传统文化相关的主题墙，展示传统节日、民间故事、民族风情等内容。

在班级区角设置中，创建传统文化体验区，如书法区提供笔墨纸砚让幼儿尝试书写，茶艺区让幼儿了解茶文化和礼仪，民间游戏区投放毽子、陀螺等传统玩具。户外环境可以设置具有传统文化特色的景观，如中式园林风格的小花园、传统建筑模型等。通过这样的环境创设，让幼儿在日常学习和生活中随时接触与感受优秀传统文化，激发他们对传统文化的兴趣和探索欲望。

（三）活动开展

组织丰富多彩的传统文化活动是促进幼儿全面发展的有效途径。传统节日庆祝活动是重要的形式之一，如春节组织幼儿写春联、贴福字、制作传统

美食，端午节开展包粽子、赛龙舟等活动，中秋节一起制作月饼、赏月、讲述中秋故事，等等。这些活动不仅能让幼儿了解节日的文化内涵和传统习俗，还能培养他们的动手能力、社交能力和情感体验。

民间游戏活动也不可或缺，如踢毽子、跳皮筋、滚铁环等，这些游戏可以锻炼幼儿的身体协调性、反应能力和团队合作精神。此外，还可以举办传统文化主题表演活动，如故事表演、诗歌朗诵、民族舞蹈演出等，为幼儿提供展示自我的平台，增强他们的自信心和表现力。在活动开展过程中，教师要注重引导幼儿积极参与，让他们在活动中获得全面的发展。

（四）家园合作

家园合作在整合优秀传统文化促进幼儿全面发展中起着至关重要的作用。幼儿园可以通过家长会、家长讲座等形式，向家长宣传优秀传统文化对幼儿发展的重要意义，提高家长的文化意识和教育观念。鼓励家长在家庭生活中融入传统文化元素，如与幼儿一起诵读经典诗词、讲述民间故事、参加传统节日活动等。

幼儿园还可以邀请家长参与幼儿园的传统文化活动，如在传统节日庆祝活动中，邀请家长担任志愿者，与幼儿一起制作节日美食、表演节目等。通过家园之间的密切合作，形成教育合力，共同为幼儿创造一个充满优秀传统文化氛围的成长环境，促进幼儿全面、健康地发展。教师要与家长保持密切沟通，及时反馈幼儿在园的学习和发展情况，共同探讨如何更好地利用优秀传统文化促进幼儿成长。

四、全面发展的个体差异与因材施教

（一）认知能力差异

幼儿在认知能力方面存在着明显的个体差异。有些幼儿可能在语言认知方面表现突出，对词汇、语句的理解和表达能力较强；而有些幼儿则可能在空间认知上更具优势，在图形识别、空间想象等方面能力较强。这种差异可能源于幼儿先天的神经生理基础及后天成长环境的不同。

对于认知能力存在差异的幼儿，教师可以根据他们的特点进行因材施教。对于语言认知能力较强的幼儿，可以提供更丰富的语言素材，如经典的诗词、故事等，鼓励他们进行诗歌朗诵、故事创编等活动，进一步提升语言能力。对于空间认知能力较强的幼儿，可以引导他们参与一些涉及空间构建的活动，如积木搭建、拼图等，同时，结合传统文化中的建筑艺术，如介绍中国传统建筑的结构和布局，激发他们的兴趣和创造力。教师要关注幼儿的学习进度和反馈，及时调整教学策略和难度。

（二）情感表达差异

幼儿在情感表达方面也各不相同。有的幼儿性格开朗，善于表达自己的情感和需求；而有的幼儿则较为内向，情感表达相对含蓄。家庭氛围、成长经历等因素都可能产生这种差异。

面对情感表达存在差异的幼儿，教师要营造一个安全、接纳的情感环境。对于善于表达情感的幼儿，要给予积极的回应和肯定，同时，引导他们学会适当地控制和调节情感。例如，在传统文化活动中，当他们对某个节日表现出极大的热情时，教师可以引导他们深入了解节日背后的情感内涵，培养他们更理性的情感认知。对于内向的幼儿，教师要更加耐心和细心地观察，通过温和的互动和鼓励，帮助他们逐渐打开心扉。比如，在欣赏传统音乐时，鼓励他们用绘画等方式表达内心的感受，慢慢提升他们的情感表达能力。

（三）兴趣爱好差异

幼儿的兴趣爱好存在显著的个体差异。有的幼儿对艺术活动，如绘画、音乐充满热情；有的幼儿则对科学探索、自然观察更感兴趣。这可能与幼儿自身的气质类型及生活中的偶然体验有关。

在教学中，教师应尊重幼儿的兴趣爱好差异。对于热爱艺术的幼儿，可以结合传统文化中的艺术形式，如国画、民族音乐等，为他们提供更多的艺术创作和欣赏机会。比如，组织国画工作坊，让幼儿在传统文化氛围中发挥自己的艺术才能。对于对科学感兴趣的幼儿，可以从传统文化中的科学元素入手，如古代的天文观测、传统工艺中的科学原理等，引导他们进行探索。例如，讲解古代的指南针，让幼儿了解其中的磁力原理，激发他们的科学探索欲望。教师还可以鼓励幼儿将不同领域的兴趣进行融合，拓宽他们的视野。

（四）学习风格差异

幼儿在学习风格上也有不同。有些幼儿属于视觉型学习者，他们通过观察图像、实物等获取信息；有些幼儿属于听觉型学习者，依赖倾听讲解、故事等来学习；还有些幼儿属于动觉型学习者，需要通过动手操作、身体参与理解知识。

针对不同学习风格的幼儿，教师可以采用多样化的教学方法。对于视觉型学习者，可以利用图片、视频、实物展示等方式进行教学，在介绍传统文化时，展示丰富的历史文物图片、传统艺术作品等；对于听觉型学习者，多运用故事讲述、诗歌朗诵、音乐欣赏等方式，如讲述传统故事，让他们通过倾听感受文化魅力；对于动觉型学习者，组织实践活动、手工制作、角色扮演等，比如，在传统节日活动中，让幼儿参与制作节日食品、扮演传统故事中的角色等。教师要根据幼儿的学习反馈，不断调整教学方法，以满足不同幼儿的学习需求，促进他们的全面发展。

第四节　应对全球化背景下的文化挑战

一、全球化对幼儿文化认知的影响

（一）信息传播的广泛性

全球化使信息传播变得极为广泛，这对幼儿的文化认知产生了深远影响。在当今时代，各种媒体渠道如电视、互联网等跨越了地域限制，将世界各地的文化信息迅速传递到幼儿生活中。幼儿通过这些渠道可以接触到不同国家和地区的文化元素，如外国的动画片、音乐、故事等。这是因为全球化推动了信息技术的飞速发展，信息传播的速度和范围都得到了极大提升。

为了应对这种影响，学前教育机构和家庭可以对幼儿接触的信息进行筛选与引导。教师可以在课堂教学中有针对性地介绍不同文化的特点和价值，帮助幼儿建立正确的文化认知框架。家长也可以在家庭中选择适合幼儿的文化产品，与幼儿一起观看和讨论，培养他们的批判性思维。同时，要鼓励幼儿分享自己对不同文化信息的感受和理解，促进他们的思考和交流。

（二）文化交流的频繁性

全球化带来了文化交流的频繁性，这深刻地改变了幼儿的文化认知环境。不同文化背景的人们之间的交流日益增多，幼儿在日常生活中可能会直接或间接接触到来自其他文化的人和事物。例如，在社区中可能会遇到外籍居民，幼儿园可能会举办国际文化交流活动等。这种频繁的文化交流使得幼儿有更多机会了解和体验不同文化，拓宽他们的文化视野。

在学前教育中，可以通过组织多元文化活动强化幼儿对不同文化的认知。比如，举办文化节，让幼儿展示和了解不同国家的传统服饰、美食、艺术等。教师还可以引导幼儿对比不同文化之间的差异和相似之处，培养他们的文化比较能力。在这个过程中，要注重培养幼儿的尊重和包容态度，让他们明白每种文化都有其独特的价值和意义。

（三）价值观念的多元性

全球化使价值观念具有了多元性，这对幼儿的文化认知形成了新的挑战和机遇。不同文化往往蕴含着不同的价值观念，幼儿在接触多种文化的过程中，会面临不同价值观念的碰撞和冲击。例如，一些文化强调个人主义，而另一些文化则更注重集体主义。这是因为全球化打破了文化的单一性，不同文化的价值观念在全球范围内相互传播和交流。

为了帮助幼儿正确理解和应对价值观念的多元性，教育者需要引导幼儿思考不同价值观念的背景和意义。在教学中，可以通过故事、讨论等方式，让幼儿明白不同文化的价值观念是由其特定的历史、社会和文化背景决定的。同时，要培养幼儿的价值判断能力，让他们能在多元的价值观念中做出正确选择，树立自己的价值观。

（四）文化融合的趋势性

全球化引发了文化融合的趋势，这也影响着幼儿的文化认知。随着不同文化之间的交流和互动不断加深，文化融合现象日益明显。一些文化元素相互借鉴、融合，形成了新的文化形态。幼儿在这样的环境中，会接触到融合了多种文化元素的事物，如融合了不同国家音乐风格的儿童歌曲等。

在学前教育中，教师可以利用文化融合的现象，引导幼儿认识文化融合的过程和意义。可以通过艺术创作、游戏等活动，让幼儿尝试将不同文化的元素进行融合，培养他们的创新能力和文化融合意识。同时，要强调文化融合中的文化认同，让幼儿在接受文化融合的同时，保持对自身文化的认同和自信，促进不同文化之间的和谐共处。

二、优秀传统文化在文化多元中的坚守与传承

（一）教育理念的引领

在文化多元的背景下，教育理念的引领对于优秀传统文化的坚守与传承至关重要。教育理念决定着教育的方向和方法，它能为传统文化的传承提供理论支撑和行动指南。教育者应该树立起正确的文化观，认识到优秀传统文化的价值和意义，将其融入教育理念之中。

为了实现教育理念对传统文化传承的引领，学前教育机构和教师需要深入学习与理解优秀传统文化的内涵。教师要将传统文化的精神内核，如仁爱、诚信、勤劳、勇敢等价值观，贯穿到日常的教育活动中。在制定教育目标和课程计划时，要明确传统文化的传承目标，将其与幼儿的全面发展相结合。例如，在培养幼儿品德教育方面，将传统的道德规范和礼仪融入其中，通过言传身教和情境创设等方式，让幼儿在潜移默化中接受传统文化的熏陶。

（二）课程内容的融入

课程内容是传承中华优秀传统文化的重要载体。通过将传统文化元素融入课程内容，可以让幼儿在学习知识和技能的同时，接触和了解传统文化。语言、艺术、科学等个领域的课程都可以成为传统文化的传播渠道。

在语言课程中，可以引入经典的诗词、民间故事、谚语等。教师可以通过诵读、讲解、故事表演等方式，让幼儿感受语言的魅力和文化的内涵；艺术课程可以包括传统绘画、民间音乐、民族舞蹈、手工制作等内容，让幼儿

亲身体验传统文化的艺术之美；科学课程可以结合传统的科技发明、节气知识、农业常识等，培养幼儿对传统文化中科学智慧的认识。同时，要根据幼儿的年龄特点和认知水平，对传统文化内容进行筛选和改编，使其更符合幼儿的学习需求。

（三）环境氛围的营造

环境氛围对幼儿的文化认知和情感体验有着深远影响。营造富有传统文化氛围的教育环境，可以让幼儿在潜移默化中受到传统文化的感染和熏陶。幼儿园的室内外环境都可以成为传统文化展示和传播的空间。

在室内，可以通过布置传统文化主题的墙面、悬挂传统艺术作品、摆放民间工艺品等方式，营造浓厚的文化氛围。例如，在教室设置书法角、剪纸展示区等。在室外，可以利用园林景观、文化雕塑等元素，体现传统文化的特色。同时，教师可以在日常生活中，通过播放传统音乐、开展传统节日庆祝活动等方式，进一步强化环境氛围的营造。在这种环境中，幼儿能更加直观地感受传统文化的魅力，增强对传统文化的认同感和归属感。

（四）家园合作的推动

家园合作在优秀传统文化的传承中起着关键的推动作用。家庭和幼儿园是幼儿成长的两个重要环境，只有两者紧密合作，才能形成教育合力，确保传统文化的传承效果。

幼儿园可以通过家长会、家长讲座、亲子活动等形式，向家长宣传优秀传统文化的重要性，引导家长树立正确的文化传承观念。家长可以在家庭生活中，为幼儿创造接触传统文化的机会，如讲述家族故事、传承家庭传统习俗、带领幼儿参观文化古迹等。同时，幼儿园和家庭可以共同参与传统文化活动，如在传统节日期间，一起制作节日食品、进行传统礼仪体验等。通过家园之间的互动和合作，让幼儿在家庭和幼儿园两个环境中都能接受到优秀传统文化的教育，促进优秀传统文化的传承和发展。

三、培养幼儿跨文化交流能力

（一）文化认知的培养

文化认知是培养幼儿跨文化交流能力的基础。幼儿需要对不同文化有初步的认识和了解，才能在跨文化交流中做到尊重和理解。这是因为只有当幼儿知道世界上存在着多种不同的文化，并且了解这些文化的一些基本特征时，他们才能在与来自不同文化背景的人交流时表现出恰当的态度和行为。

为了培养幼儿的文化认知，教师可以在学前教育中引入多元文化的内容。例如，通过图片、故事、音乐等多种形式，向幼儿介绍不同国家和地区的文化特色，包括饮食、服饰、节日、风俗习惯等。在介绍过程中，教师要注重引导幼儿观察和比较不同文化之间的差异与相似之处，帮助他们建立对文化多样性的初步认识。同时，教师还可以利用幼儿园的环境布置，展示不同文化的元素，让幼儿在日常学习和生活中随时接触到多元文化的信息，加深他们对不同文化的印象。

（二）语言能力的提升

语言是跨文化交流的重要工具，因此提升幼儿的语言能力对于培养他们的跨文化交流能力至关重要。幼儿需要具备一定的语言表达和理解能力，才能与不同文化背景的人进行有效沟通。这是因为不同文化背景的人可能使用不同的语言或语言表达方式，如果幼儿没有足够的语言能力，就很难进行顺畅的交流。

在学前教育中，教师可以通过多种途径提升幼儿的语言能力。一方面，要注重培养幼儿的母语表达能力，包括词汇量的丰富、语法的正确运用、口语表达的流利性等。教师可以通过故事讲述、儿歌朗诵、谈话活动等方式，锻炼幼儿的语言表达和倾听理解能力。另一方面，也可以适当引入一些简单的外语学习，如英语中的日常用语、问候语等，让幼儿初步接触外语，为今后的跨文化交流打下基础。同时，教师要鼓励幼儿在交流中大胆表达自己的想法和感受，及时纠正他们语言表达中的错误，提高他们的语言运用能力。

（三）情感态度的塑造

积极的情感态度是幼儿进行跨文化交流的重要保障。幼儿需要具备尊重、包容、友好、开放的情感态度，才能在跨文化交流中与他人建立良好的关系。这是因为不同文化之间可能存在着差异和冲突，如果幼儿没有正确的情感态度，就容易产生偏见、歧视或误解。

为了塑造幼儿的积极情感态度，教师要在教育活动中注重培养幼儿的同理心和共情能力，可以通过故事、角色扮演、小组讨论等方式，引导幼儿站在他人的角度思考问题，理解他人的感受和需求。同时，教师要以身作则，在与幼儿的互动中展现尊重和包容的态度，为幼儿树立良好的榜样。在面对不同文化背景的幼儿时，教师要一视同仁，鼓励幼儿之间相互尊重、相互帮助，共同营造一种和谐、友好的班级氛围。此外，教师还可以通过组织文化体验活动，让幼儿亲身感受不同文化的魅力，增强他们对不同文化的兴趣和好感，从而培养他们开放、接纳的情感态度。

（四）交流技能的训练

有效的交流技能是幼儿实现跨文化交流的关键。幼儿需要掌握一些基本的交流技巧，如倾听、表达、提问、回应等，才能在跨文化交流中进行良好的互动。这是因为不同文化背景的人在交流方式和习惯上可能存在差异，如果幼儿没有掌握一定的交流技能，就容易出现交流障碍或误解。

在学前教育中，教师可以通过各种活动对幼儿进行交流技能的训练。例如，在小组活动中，引导幼儿学会倾听他人的意见和想法，不随意打断别人的发言；在故事分享活动中，鼓励幼儿大胆表达自己的观点和感受，并且注意语言表达的清晰和准确；在角色扮演活动中，让幼儿练习提问和回应的技巧，学会根据不同的情境和对象调整自己的交流方式。同时，教师要及时给予幼儿反馈和指导，帮助他们不断改进和提高自己的交流技能。教师还可以组织一些模拟跨文化交流的活动，让幼儿在实践中运用所学的交流技能，逐渐提升他们的跨文化交流能力。

四、学前教育在应对文化挑战中的责任与使命

（一）价值观塑造

在应对文化挑战中，学前教育肩负着价值观塑造的重要责任。幼儿期是价值观形成的关键时期，此时接受的价值观教育会对其一生产生深远影响。在多元文化交织的背景下，各种价值观相互碰撞，学前教育必须引导幼儿树立正确的价值观。这是因为正确的价值观能为幼儿提供明确的行为准则和道德规范，帮助他们在复杂的文化环境中做出正确选择。

为了实现价值观塑造的使命，学前教育机构应将价值观教育融入日常教学活动中。教师要通过生动有趣的故事、游戏、儿歌等形式，向幼儿传递积极向上的价值观，如诚实、友善、尊重、责任等。在讲解过程中，要结合幼儿的生活实际，让他们能理解和体会这些价值观的重要性。同时，教师要以身作则，以良好的言行举止为幼儿树立榜样，使幼儿在潜移默化中接受正确价值观的熏陶。

（二）文化认同培养

培养幼儿的文化认同是学前教育应对文化挑战的核心任务之一。文化认同是个体对自身所属文化的归属感和认同感，它是幼儿建立自我身份认同和民族自豪感的基础。在全球化的浪潮中，幼儿容易受到外来文化的冲击，可能会对本民族文化产生模糊认识或缺乏认同。

学前教育应通过多种方式培养幼儿的文化认同。一方面，可以将优秀传统文化融入课程内容，如开展传统节日庆祝活动、民间艺术体验活动等，让幼儿亲身感受本民族文化的魅力；另一方面，在环境创设中体现文化元素，如布置具有民族特色的教室、展示传统工艺品等，营造浓厚的文化氛围。此外，还可以邀请家长参与文化教育活动，共同传承和弘扬本民族文化，增强幼儿对本民族文化的情感联系和认同。

（三）文化理解提升

提升幼儿的文化理解能力是学前教育应对文化挑战的关键举措。在多元

文化的社会中，幼儿需要学会理解和尊重不同文化之间的差异，避免文化偏见和误解。这是因为只有具备良好的文化理解能力，幼儿才能与不同文化背景的人和谐共处，适应未来社会的发展。

为了提高幼儿的文化理解能力，学前教育可以开展文化对比活动。教师可以引导幼儿对比不同文化的风俗习惯、艺术形式、生活方式等方面的差异，帮助他们认识到文化的多样性。同时，通过故事、图片、视频等多种媒介，向幼儿介绍其他文化的背景和特点，拓宽他们的文化视野。在活动中，鼓励幼儿提问和发表自己的看法，培养他们的批判性思维和文化分析能力。

（四）文化融合引导

学前教育在文化融合方面也承担着重要的引导使命。文化融合是不同文化相互交流、借鉴、融合的过程，它有助于促进文化的创新和发展。在全球化的趋势下，学前教育应引导幼儿正确看待文化融合现象，培养他们的文化融合意识和能力。

教师可以通过组织跨文化交流活动，让幼儿与来自不同文化背景的人互动交流，体验文化融合的魅力。在艺术、手工等活动中，鼓励幼儿将不同文化的元素进行融合创作，激发他们的创造力和想象力。同时，在教学过程中，要引导幼儿认识到文化融合不是文化同化，而是在保持自身文化特色的基础上，吸收其他文化的有益成分，促进不同文化的共同发展。通过这些方式，学前教育可以为幼儿未来参与多元文化社会做好准备。

第四章 优秀传统文化融入学前教育的策略与实践

第一节 课程内容的选择与整合

一、传统文化课程内容的筛选原则

（一）教育性原则

教育性原则是传统文化课程内容筛选的首要原则。传统文化内容丰富多样，但并非所有内容都适合学前教育阶段的幼儿。具有教育性的内容应该能促进幼儿在知识、技能、情感、价值观等方面的发展。这是因为学前教育的核心任务是为幼儿的全面发展奠定基础，所选的传统文化课程内容必须符合这一目标。

为确保内容符合教育性原则，在筛选时要考虑内容是否有助于幼儿增长知识。比如，选择一些简单的传统节日知识，像春节的由来、习俗等，能让幼儿了解历史文化。在技能培养方面，传统的民间手工艺活动，如剪纸、捏泥人等，可以锻炼幼儿的动手能力。在情感和价值观方面，经典传统故事如《孔融让梨》，能传递谦让、友爱的价值观。教师需要对大量的传统文化内容进行深入分析和评估，挑选出那些真正具有教育意义的内容，融入课程之中。

（二）适宜性原则

适宜性原则对于传统文化课程内容的筛选至关重要。所谓"适宜性"，是指所选内容要符合幼儿的年龄特点、认知水平和心理发展阶段。幼儿在不同的年龄阶段，其理解能力、注意力、兴趣点等都存在差异。如果内容过于复杂或深奥，幼儿则难以理解和接受；如果过于简单，则无法起到有效的教育作用。

为遵循适宜性原则，对于小班幼儿，可以选择一些直观、形象、简单的传统文化内容，例如，简单的儿歌、童谣，色彩鲜艳的传统绘画作品；中班幼儿可以逐渐接触一些情节稍复杂的故事、简单的传统游戏等；大班幼儿则可以深入了解一些传统节日的内涵、传统礼仪等。教师要充分了解幼儿的发展状况，根据不同班级幼儿的实际情况进行有针对性的筛选，确保内容既不过难也不过易，能被幼儿所接受和喜爱。

（三）趣味性原则

趣味性原则是保证传统文化课程吸引幼儿的关键。幼儿的学习动力在很大程度上来源于兴趣，如果内容缺乏趣味性，幼儿就难以保持专注和积极参与。传统文化中有许多充满趣味的元素，但也有一些相对枯燥的部分，需要进行精心筛选。

为增强内容的趣味性，在选择传统文化课程内容时，可以优先考虑那些具有生动故事情节、代表性人物的内容。比如，一些富有奇幻色彩的神话传说，像《孙悟空大闹天宫》，能激发幼儿的想象力和好奇心。传统的民间游戏，如丢手绢、老鹰捉小鸡等，充满了互动性和趣味性，能让幼儿在游戏中体验快乐。教师还可以通过运用多媒体手段，如动画、音频等，将传统文化内容以更生动有趣的方式呈现给幼儿，激发他们的学习兴趣。

（四）时代性原则

时代性原则在传统文化课程内容筛选中也不容忽视。虽然传统文化具有深厚的历史底蕴和价值，但在融入学前教育课程时，也需要考虑与时代的结合，使其符合现代社会的发展需求和教育理念。传统文化并非一成不变，而是可以在传承中不断创新和发展的。

为体现时代性，在筛选传统文化课程内容时，可以选择那些能与现代生活相联系的内容。例如，传统节日中环保理念的融入，在春节活动中引导幼儿了解减少烟花爆竹燃放对环境保护的意义。同时，可以对一些传统文化内容进行现代演绎和改编，使其更符合幼儿的生活经验和认知方式。比如，将传统故事改编成幼儿容易理解的绘本形式，或者用现代的音乐元素重新演绎传统儿歌。这样既保留了传统文化的精髓，又赋予了其新的时代内涵，让幼儿更容易接受和理解。

二、不同类型传统文化内容的选择

（一）传统节日

传统节日是传统文化的重要组成部分，在学前教育中具有重要意义。传统节日蕴含着丰富的文化内涵、历史渊源和独特的庆祝方式，能让幼儿在欢乐的氛围中感受传统文化的魅力。选择传统节日内容进入学前教育课程，是因为它贴近幼儿的生活，容易引起幼儿的兴趣和情感共鸣。

在选择传统节日内容时，要涵盖多个方面。首先，讲解节日的由来和历史背景，如春节的传说和年的故事，让幼儿了解节日的起源。其次，介绍节日的习俗和庆祝方式，像端午节包粽子、赛龙舟，中秋节赏月、吃月饼等等，让幼儿亲身体验这些活动，增强他们对节日的认知。最后，挖掘节日蕴含的情感和价值观，如春节的团圆、亲情，重阳节的敬老、感恩等等，培养幼儿的情感认知和道德观念。教师可以通过组织节日主题活动、制作节日手工、讲述节日故事等方式，将传统节日内容生动地呈现给幼儿。

（二）民间艺术

民间艺术是劳动人民智慧的结晶，具有极高的艺术价值和文化价值。民间艺术形式多样，包括剪纸、绘画、民间音乐、民间舞蹈、刺绣、陶艺等。之所以选择民间艺术内容进入学前教育，是因为它可以培养幼儿的审美能力、创造力和动手能力，丰富幼儿的情感体验。

对于剪纸，可以从简单的图形开始，让幼儿学习基本的剪纸技巧，逐渐过渡到复杂的图案；对于绘画，可以引入传统的水墨画，让幼儿感受笔墨的韵味和中国绘画的独特风格；对于民间音乐，可以选择一些节奏明快、旋律简单的儿歌和民间曲调，让幼儿通过聆听和演唱感受音乐的魅力；对于民间舞蹈，则可以挑选一些动作简单、富有活力的舞蹈，如秧歌舞等，让幼儿参与其中。教师可以邀请民间艺人到幼儿园进行展示和教学，或者带领幼儿参观民间艺术展览，激发幼儿对民间艺术的兴趣和热爱。

（三）传统故事

传统故事是传承文化和价值观的重要载体。它以生动的情节、鲜明的人物形象和深刻的寓意，对幼儿产生深远的影响。之所以选择传统故事内容进入学前教育，是因为它能培养幼儿的语言表达能力、想象力和思维能力，同时，传递优秀的道德品质和文化精神。

在选择传统故事时，要兼顾故事的趣味性和教育性。例如，《司马光砸缸》可以培养幼儿的机智和勇敢，《狼来了》教导幼儿要诚实。教师在讲述故事时，可以运用丰富的表情、动作和声音，让故事更加生动有趣；可以组织幼儿进行故事表演，让他们在角色扮演中深入理解故事内容；此外，还可以鼓励幼儿自己创编故事，发挥他们的想象力和创造力。

（四）传统礼仪

传统礼仪是中华民族传统文化的重要表现形式，体现了社会的文明和秩序。之所以选择传统礼仪内容进入学前教育，是因为它有助于培养幼儿的良好行为习惯、社交能力和道德素养，让幼儿学会尊重他人、遵守规则。

传统礼仪包括家庭礼仪、社交礼仪、餐桌礼仪等。在家庭礼仪方面，要教导幼儿尊敬长辈、关爱家人；在社交礼仪方面，要教导幼儿见面问好、礼貌用语等；餐桌礼仪则包括正确的用餐姿势、不挑食、不浪费等。教师可以通过日常生活中的示范和引导，让幼儿在实践中逐渐掌握传统礼仪。同时，通过儿歌、游戏等方式强化幼儿对礼仪的记忆和理解，营造一个注重礼仪的教育环境。

三、课程内容的整合方法

（一）主题式整合

主题式整合是一种有效的课程内容整合方法。它围绕一个特定的主题，将不同类型的传统文化内容进行有机组合。这样做可以使课程内容更具系统性和连贯性，避免内容的零散和碎片化，让幼儿能更深入、全面地理解主题涉及的文化内涵。

在实施主题式整合时，首先要确定一个合适的主题，如"传统节日"主题。其次围绕这个主题，将相关的节日由来、节日习俗、节日故事、节日艺术等内容整合在一起。例如，在"春节"主题下，可以包括春节的历史起源讲解，贴春联、挂灯笼、吃年夜饭等习俗介绍，年兽的故事讲述，以及与春节相关的剪纸、绘画等艺术活动。教师可以通过组织主题活动周或主题活动月的方式，集中开展与主题相关的教学活动，让幼儿在一段时间内沉浸在特定主题的文化氛围中，加深对该主题的理解和体验。

（二）领域式整合

领域式整合是根据学前教育的不同领域整合传统文化课程内容。学前教育通常包括健康、语言、社会、科学、艺术等五大领域，将传统文化内容与这些领域相结合，可以使传统文化教育更全面地渗透到幼儿的日常学习中。

在健康领域，可以融入传统的体育活动，如五禽戏、太极拳等，这些传统体育活动不仅能锻炼身体，还蕴含着深厚的文化底蕴；在语言领域，可以加入经典诗词诵读、传统故事讲述等内容，提升幼儿的语言表达能力和文化素养；在社会领域，可以结合传统礼仪、家庭美德等方面的内容，培养幼儿的社会交往能力和道德品质；在科学领域，可以引入古代的发明创造、天文历法等知识，激发幼儿的科学探索兴趣；在艺术领域，则可以整合传统绘画、民间音乐、民族舞蹈等艺术形式，培养幼儿的审美能力和创造力。教师要根据不同领域的教育目标和特点，精心挑选和编排相应的传统文化内容，实现各领域之间的相互渗透和融合。

（三）情境式整合

情境式整合通过创设具体的情境，将传统文化内容融入其中，让幼儿在情境中感受和学习文化知识。情境式整合的优点在于能增强幼儿的学习兴趣和参与度，使他们更容易理解和接受传统文化。

例如，创设一个古代集市的情境，让幼儿在"集市"中扮演不同的角色，如商人、顾客等，体验古代的商业交易和社会生活。在这个情境中，可以融入古代的货币知识、商品交易礼仪、传统手工艺品等内容。又如，创设一个传统节日的庆祝情境，如春节的家庭团聚场景、端午节的赛龙舟场景等，让幼儿在情境中了解节日的文化内涵和庆祝方式。教师要精心设计情境，准备相应的道具和场景布置，引导幼儿积极参与情境活动，通过亲身体验学习传统文化。

（四）体验式整合

体验式整合强调让幼儿通过亲身参与学习传统文化。体验式整合符合幼儿的认知特点和学习方式，能让他们在实践中获得更深刻的体验和感悟。

比如，组织幼儿参与传统美食的制作，如包粽子、做月饼等，让他们在动手操作的过程中了解传统美食的制作工艺和文化意义；又如，开展传统手工艺制作活动，如剪纸、陶艺等，培养幼儿的动手能力和创造力，同时，感受传统工艺的魅力；再如，安排幼儿参观博物馆、文化古迹等场所，让他们近距离接触和感受传统文化的实物与历史氛围。教师在组织体验式活动时，要注意活动的安全性和适宜性，给予幼儿充分的指导和支持，鼓励他们积极尝试和探索，让他们在体验中不断成长和学习。

四、课程资源的开发与利用

（一）社区资源

社区是一个丰富的课程资源宝库。社区中蕴含着各种与传统文化相关的资源，比如，社区内的文化活动中心、老年活动中心等场所，往往会举办一些传统文艺表演、民俗展览等活动；社区里还可能居住着一些民间艺人、传统文化爱好者，他们拥有丰富的传统文化知识和精湛的技艺。

为了开发和利用社区资源，幼儿园需要与社区建立紧密的合作关系。幼儿园可以邀请社区的民间艺人走进幼儿园，为幼儿展示传统技艺，如剪纸、捏面人等，并指导幼儿进行尝试；也可以组织幼儿参观社区内的文化活动中心，观看民俗展览，让幼儿近距离感受传统文化的魅力；此外，还可以鼓励幼儿参与社区举办的传统文化活动，如社区的春节联欢活动、端午节赛龙舟活动等，增强幼儿对传统文化的体验和认知。

（二）家庭资源

家庭在幼儿成长过程中起着至关重要的作用，家庭中也蕴藏着丰富的传统文化资源。每个家庭都有自己独特的文化背景和传统习俗，如家族的历史故事、传统的节日庆祝方式、家庭的礼仪规范等。家长自身的文化素养和兴趣爱好也会对幼儿产生深远影响。

幼儿园可以通过多种方式引导家长参与课程资源的开发与利用。可以举办家长讲座，向家长宣传传统文化教育的重要性，鼓励家长分享自己家庭中的传统文化资源。例如，邀请家长到幼儿园给幼儿讲述家族的历史故事、传统习俗等。还可以组织亲子活动，让家长和幼儿一起参与传统文化体验活动，如一起制作传统美食、共同完成传统手工艺品等。通过家庭与幼儿园的互动合作，充分挖掘家庭资源，丰富幼儿的传统文化体验。

（三）网络资源

随着信息技术的发展，网络成为获取课程资源的重要渠道。网络上有大量的传统文化资源，如传统文化的电子书籍、音频与视频资料等。一些专业的文化网站、教育网站也会提供丰富的传统文化知识和教学资源。

在利用网络资源时，教师需要进行精心筛选和整理。选择适合幼儿年龄特点和认知水平的资源，确保资源的准确性和教育性。可以将网络上的优秀传统文化视频资料在课堂上播放给幼儿观看，如介绍传统节日的动画视频、民间艺术的制作过程视频等。同时，教师还可以利用网络资源进行自我学习和提升，不断丰富自己的传统文化知识，以便更好地开展教学活动。但也要注意控制幼儿使用网络的时间和方式，避免过度依赖电子设备。

（四）园本资源

幼儿园自身也拥有丰富的园本资源可以开发和利用。幼儿园的环境布置、教师的专业素养、幼儿园的文化氛围等都可以成为传统文化课程资源的一部分。例如，幼儿园的走廊、教室可以布置成具有传统文化特色的空间，展示传统书画作品、民间工艺品等。

教师是课程资源开发的关键力量，教师自身要不断提升对传统文化的理解和认识，将自己的文化素养融入教学活动中。幼儿园可以组织教师开展传统文化培训和研讨活动，提高教师开发和利用传统文化课程资源的能力。此外，幼儿园还可以结合自身的办园特色和文化传统，开发具有本园特色的传统文化课程资源，如编写园本传统文化教材、开展园本传统文化活动等，形成独特的园本文化。

第二节　教学方法的创新与应用

一、体验式教学法在传统文化教育中的运用

（一）感官体验的激发

感官体验的激发是体验式教学法在传统文化教育中的基础环节。幼儿主要通过感官认识世界，充分调动他们的视觉、听觉、嗅觉、味觉和触觉，能加深他们对传统文化的感知和理解。这是因为多感官的参与可以使幼儿获得更丰富、更立体的体验，增强他们对传统文化的兴趣和好奇心。

在教学中，教师可以通过多种方式激发幼儿的感官体验。例如，在介绍传统节日时，可以利用图片、视频等让幼儿直观地看到节日的庆祝场景和特色物品，激发视觉体验；播放与节日相关的音乐、故事音频，引发听觉体验；展示传统美食，让幼儿闻一闻、尝一尝，刺激嗅觉和味觉体验；提供传统手工艺品让幼儿触摸、摆弄，丰富触觉体验。通过这些方式，让幼儿全方位地感受传统文化的魅力，为进一步的学习和理解奠定基础。

（二）情境创设的引导

情境创设是体验式教学法的关键步骤。通过创设生动、有趣的情境，可以让幼儿仿佛置身于传统文化的场景之中，更深入地体验和理解文化内涵。这是因为情境能为幼儿提供一个具体的、可感知的学习环境，使抽象的文化知识变得形象、具体，易于幼儿接受。

教师可以根据不同的传统文化内容创设相应情境。比如，在教授传统礼仪时，可以创设古代宫廷或家庭的场景，让幼儿扮演不同的角色，在情境中学习礼仪规范；在介绍传统民间故事时，可以搭建故事中的场景，如森林、城镇等，让幼儿在情境中感受故事的情节和氛围。还可以利用道具、服装、音乐等元素增强情境的真实感和吸引力，引导幼儿积极参与情境体验，加深对传统文化的认知。

（三）实践活动的参与

实践活动的参与是体验式教学法的核心。让幼儿亲身参与各种与传统文化相关的实践活动，能锻炼他们的动手能力、思维能力和合作能力，同时，使他们在实践中更深刻地体会传统文化的价值和意义。这是因为实践活动可以让幼儿将所学知识转化为实际的行动和体验，促进知识的内化和迁移。

实践活动可以包括传统手工艺制作，如剪纸、陶艺、编织等；传统美食制作，如包粽子、做月饼等；传统游戏，如踢毽子、滚铁环等。在活动过程中，教师要给予幼儿充分的指导和支持，鼓励他们大胆尝试、积极探索。同时，要引导幼儿在实践活动中思考和总结，培养他们的问题解决能力和创新思维。通过实践活动，让幼儿在亲身体验中感受传统文化的乐趣和魅力。

（四）情感共鸣的培养

情感共鸣的培养是体验式教学法在传统文化教育中的重要目标。让幼儿在体验传统文化的过程中产生情感共鸣，能增强他们对传统文化的认同感和归属感，培养他们的民族自豪感和爱国情感。这是因为情感是连接幼儿与传统文化的重要纽带，只有当幼儿在情感上与传统文化产生共鸣时，幼儿才能真正将传统文化内化为自己的价值观和行为准则。

教师可以通过讲述传统文化背后的感人故事、引导幼儿思考传统文化对自己生活的影响等方式培养幼儿的情感共鸣。例如，在介绍传统节日时，可以讲述节日背后蕴含的亲情、友情等情感故事，让幼儿体会到节日承载的深厚情感；在学习传统艺术时，可以引导幼儿感受艺术家在作品中表达的情感和思想，激发幼儿的情感共鸣。同时，教师自身要以饱满的情感投入教学，用自己的情感感染幼儿，营造出充满情感氛围的教学环境。

二、情境创设法提升传统文化教学效果

（一）情境氛围的营造

情境氛围的营造是情境创设法提升传统文化教学效果的重要基础。在传统文化教学中，一个浓厚且真实的情境氛围能迅速将幼儿带入特定的文化情境中，激发他们的兴趣和好奇心。因为幼儿的认知和情感发展在很大程度上依赖于周围的环境氛围，合适的情境氛围可以让他们更直观地感受传统文化的魅力。

为了营造良好的情境氛围，教师可以从多个方面入手。在空间布置上，可以利用教室的墙壁、角落等区域进行装饰。例如，在教授传统节日文化时，在教室悬挂与节日相关的装饰品，如春节时挂上红灯笼、贴上春联和福字，端午节时挂上菖蒲和艾叶，等等。在光线和色彩运用方面，根据不同的传统文化主题调整。比如，在讲述古代宫廷文化时，可以使用较为柔和、庄重的暖色调灯光；在介绍民间艺术时，可以采用鲜艳明亮的色彩吸引幼儿的注意力。音乐也是营造情境氛围的关键因素，选择与传统文化主题相契合的音乐，如古典音乐、民间音乐等，在教学过程中适时播放，能增强情境的感染力。教师还可以运用气味辅助情境氛围的营造，如在介绍传统美食文化时，使用一些与美食相关的气味道具，让幼儿通过嗅觉加深对传统文化的感知。

（二）角色代入的引导

角色代入在情境创设法中起着关键的作用。让幼儿扮演特定的角色，能使他们更深入地理解传统文化中的人物和事件，增强他们的情感体验和文化认同感。因为幼儿在角色扮演中会将自己融入角色的情境中，从角色的角度去思考和行动，从而更好地体会传统文化蕴含的价值和意义。

教师首先要根据教学内容精心选择合适的角色。比如，在讲述古代神话故事时，可以让幼儿扮演神话中的人物，如孙悟空、哪吒等；在介绍传统职业文化时，让幼儿扮演医生、教师、工匠等角色。在角色分配时，要充分考虑幼儿的兴趣和个性特点，确保每个幼儿都能积极参与。随后，为幼儿提供相应的角色服装和道具，这些服装和道具可以增强角色的真实感与代入感。

在幼儿进行角色扮演的过程中，教师要给予适当的指导和提示，引导他们根据角色的特点与情境的要求进行表演和互动。同时，教师还可以通过提问和讨论的方式，帮助幼儿深入思考角色背后的文化内涵，如角色的行为习惯、价值观等。

（三）故事场景的构建

故事场景的构建是情境创设法的核心环节之一。许多传统文化都蕴含在丰富的故事中，通过构建故事场景，可以将抽象的文化知识转化为具体的情境，让幼儿更容易理解和接受。因为故事具有生动的情节和丰富的情感，能吸引幼儿的注意力，激发他们的想象力和创造力。

教师在构建故事场景时，首先要对故事进行深入的分析和解读，确定故事的关键情节、人物关系和场景要素等；其次根据这些要素进行场景的设计和布置，可以利用道具、模型、图片等材料搭建故事中的场景，如在讲述《三国演义》中的故事时，可以用积木搭建古城墙、用玩偶代表人物等。在故事讲述过程中，教师要引导幼儿将自己想象成故事中的角色，融入故事场景中。同时，可以采用互动式的讲述方式，如提问、猜测情节发展等，让幼儿积极参与故事。在故事结束后，教师可以组织幼儿对故事场景进行回顾和讨论，帮助他们巩固对故事和传统文化的理解。

（四）互动体验的强化

互动体验是情境创设法提升教学效果的重要保障。通过互动体验，幼儿能在实践中感受传统文化，加深对文化知识的理解和记忆，同时，培养他们的合作能力和社交技能。因为幼儿在互动过程中会与他人进行交流和合作，这种亲身体验的方式比单纯的知识传授更能激发他们的学习兴趣和积极性。

教师可以设计多种形式的互动体验活动。例如，在传统手工艺教学中，组织幼儿一起进行剪纸、陶艺、编织等活动，让他们在动手操作的过程中感受传统手工艺的魅力；在传统游戏教学中，开展踢毽子、跳皮筋、滚铁环等游戏活动，让幼儿在游戏中体验传统文化的乐趣。在互动体验活动中，教师要注重引导幼儿之间的合作和交流，鼓励他们分享自己的想法和感受。同时，教师要及时给予幼儿反馈和评价，肯定他们的努力和进步，激发他们继续参与的积极性。教师还可以邀请家长参与互动体验活动，共同营造浓厚的传统文化氛围，促进家园共育。

三、故事讲述法在传统文化传承中的价值

（一）激发兴趣与好奇心

故事讲述法能有效地激发幼儿对传统文化的兴趣与好奇心。对幼儿来说，故事具有天然的吸引力，它以生动有趣的情节、丰富多彩的人物形象和奇幻美妙的情境，迅速抓住幼儿的注意力。因为幼儿正处于对世界充满好奇和探索欲望的阶段，故事中的神秘元素、奇特情节能满足他们的心理需求，让他们渴望了解更多。

教师可以通过绘声绘色的讲述方式激发幼儿的兴趣。运用丰富的表情、多变的语调及恰当的肢体语言，将故事中的喜怒哀乐生动地传达出来。比如，在讲述传统神话故事时，当讲到神奇的法术或者惊险的情节时，可以提高语调、放大声音，并用夸张的表情来增强故事的感染力。同时，选择合适的故事内容也很关键。可以挑选那些充满奇幻色彩、富有想象力的传统故事，如《神笔马良》《后羿射日》等。在讲述之前，可以通过设置一些悬念或者提问的方式，引发幼儿的好奇心，例如，教师可以提问："你们知道马良的神笔有什么神奇的地方吗？"这样能让幼儿带着问题和期待进入故事，更积极地参与故事的聆听。

（二）传递文化知识与价值观

故事是传递文化知识和价值观的重要载体。传统文化中的许多知识和价值观都蕴含在一个个经典的故事里，通过故事讲述，可以将这些知识和价值观潜移默化地传递给幼儿。因为故事以具体的情节和人物为依托，使抽象的文化知识和价值观变得形象、具体，易于幼儿理解和接受。

在选择故事时，教师要确保故事中包含丰富的文化知识和积极的价值观。比如，传统民间故事中常常包含着对勤劳、善良、勇敢等品质的赞扬，以及对智慧和团结的推崇。在讲述过程中，教师要有意识地引导幼儿关注故事中

的文化元素和价值观念。可以在故事结束后，通过提问和讨论的方式，帮助幼儿梳理故事中传递的知识和价值观。例如，在讲完《愚公移山》的故事后，教师可以问幼儿"愚公为什么要移山？他的坚持体现了什么精神？"，让幼儿在思考和交流中加深对故事内涵的理解，从而吸收其中的文化知识和价值观。

（三）培养想象力与创造力

故事讲述法对培养幼儿的想象力和创造力具有重要的推动作用。故事中的奇幻情节、未知世界为幼儿提供了广阔的想象空间，让他们能在脑海中构建出各种奇妙的场景和形象。因为幼儿的思维具有较强形象性和发散性，故事可以激发他们的联想和想象，培养他们的创新思维能力。

教师在讲述故事时，可以适当留白，给幼儿留下想象的空间。例如，在故事的某些情节处暂停，让幼儿猜测接下来会发生什么，或者提出一些开放性的问题，如"如果你是故事中的主人公，那么你会怎么做？"，鼓励幼儿发挥自己的想象力进行思考和回答。还可以组织幼儿进行故事续编或者改编活动。在幼儿熟悉了一个故事后，引导他们根据自己的想法对故事进行拓展和创新，添加新的情节、人物或者结局。这样不仅能锻炼幼儿的想象力，还能培养他们的创造力和语言表达能力。

（四）增强语言表达与倾听能力

故事讲述法有助于增强幼儿的语言表达和倾听能力。幼儿在聆听故事的过程中，需要集中注意力，理解故事中的语言信息，这能锻炼他们的倾听能力。同时，在故事讲述后的互动环节中，幼儿需要用自己的语言表达对故事的理解和感受，这对他们的语言表达能力是一种很好的锻炼。因为语言能力的发展是在不断的输入和输出过程中实现的，故事讲述为幼儿提供了丰富的语言输入，而互动交流则促进了语言的输出。

教师在讲述故事时，要注意语言的规范性和丰富性，为幼儿树立良好的语言榜样。使用清晰、准确、生动的语言，让幼儿能轻松理解。在故事讲完后，组织幼儿进行讨论、分享活动。鼓励幼儿大胆发言，表达自己的想法和观点。对于幼儿的表达，教师要给予积极的反馈和鼓励，及时纠正语言表达中的错误。同时，教师也可以通过提问、复述故事内容等方式，引导幼儿更好地倾听和理解故事，提高他们的倾听能力。例如，教师可以问"刚才故事里提到了哪些人物？""他们做了什么事情？"等问题，帮助幼儿回顾故事内容，强化倾听效果。

四、小组合作学习在传统文化活动中的实施

（一）小组构建的科学性

小组构建的科学性是小组合作学习在传统文化活动中得以有效实施的根基。幼儿具有不同的性格特点、学习能力和兴趣爱好，合理科学地构建小组可以充分发挥每个幼儿的优势，促进他们之间的互补与协作。这是因为在一个结构合理的小组中，幼儿能相互启发、相互学习，共同推动活动的开展。

为确保小组构建的科学性，教师首先需要全面了解每个幼儿。通过观察他们在日常活动中的表现、与他们进行交流，以及分析他们以往的学习经历等途径，深入把握幼儿的个性、能力和兴趣。其次依据这些信息进行分组。可以将具有不同能力层次的幼儿组合在一起，比如，语言表达能力强的幼儿与动手操作能力强的幼儿搭配，这样在传统文化活动中，当涉及故事讲述或手工制作等任务时，他们可以相互支持。同时，也要考虑幼儿的性格因素，将性格外向活泼与内向沉稳的幼儿放在一组，使得小组既有活跃的氛围带动者，又有耐心的倾听者，有利于小组内的平衡与和谐。此外，小组的规模也需合理控制，一般以 3～5 人为宜，这样可以保证每个幼儿都有充分的参与机会，避免部分幼儿被边缘化。

（二）目标设定的明确性

明确的目标设定对于小组合作学习在传统文化活动中的顺利进行起着关键的引领作用。在传统文化活动中，如果没有清晰明确的目标，幼儿就会感到迷茫，不知道自己在小组中应该做什么、朝着什么方向努力，从而导致小组合作的效率低下。

教师在设定目标时，需要紧密结合传统文化活动的主题和内容。例如，

在开展传统节日文化活动时，如果是春节主题，则可设定目标为小组共同制作一幅关于春节习俗的手抄报，或者编排一个春节故事小短剧。这些目标既具有一定的挑战性，能激发幼儿的积极性和创造力，又具有明确的指向性，让幼儿清楚地知道自己的任务。在向幼儿传达目标时，教师要运用简洁明了的语言，将目标的具体要求、完成步骤及预期的成果详细地解释给幼儿听。同时，教师可以将大目标分解为若干个小目标，让幼儿逐步完成，增强他们的信心和成就感。例如，在制作手抄报的过程中，先确定收集资料的小目标，再进行排版设计、绘画书写等后续目标，使整个任务更加清晰、有序。

（三）教师引导的适时性

教师适时的引导在小组合作学习的传统文化活动中至关重要。由于幼儿的认知水平和社会经验有限，他们在小组合作过程中可能会遇到各种问题和困难，教师及时、有效的引导可以帮助他们克服障碍，确保合作学习的顺利进行。这是因为教师能凭借其专业知识和丰富经验，为幼儿提供正确的方向和方法。

在活动开始前，教师要向幼儿明确小组合作的规则和方法，如如何进行分工、如何倾听他人的意见、如何解决分歧等。在活动过程中，教师要密切观察小组的动态，当发现幼儿出现问题时，及时介入。比如，当小组内出现分工不明确、互相推诿任务的情况时，教师可以引导幼儿一起讨论，根据每个成员的特点和优势重新进行合理分工；当幼儿之间产生意见分歧、争论不休时，教师可以引导他们学会倾听和尊重他人的观点，通过协商找到解决问题的方法。同时，教师还可以适时地给予幼儿一些启发和建议，当幼儿在传统文化活动中遇到思维瓶颈时，教师可以通过提问、提示等方式，拓宽他们的思路，激发他们的创造力。例如，在探究传统民间工艺时，教师可以提问："除了我们常见的工艺方法外，还可以用什么方式表现这种工艺呢？"

（四）评价机制的完善性

完善的评价机制是小组合作学习在传统文化活动中持续发展和改进的重要动力。评价不仅可以让幼儿了解自己和小组在活动中的表现与进步，还可以为教师调整教学策略和活动设计提供依据。因为科学合理的评价不仅能肯定幼儿的努力和成果，增强他们的自信心和学习动力，还能发现存在的问题和不足，以便及时改进。

在评价过程中，要兼顾个体评价和小组评价。对于个体评价，要关注幼儿在小组中的参与度、贡献度及在合作技能方面的表现。例如，是否积极参与讨论、是否提出了有价值的观点或建议、能否与他人友好合作等。对于小组评价，要综合考虑小组的任务完成情况、合作氛围、协作效果等方面。可以采用多元化的评价方式，包括教师评价、幼儿自评、小组互评等。教师评价要客观、公正，注重对幼儿的鼓励和引导；幼儿自评可以培养他们的自我反思和自我认知能力；小组互评则能促进幼儿之间的相互学习和交流。同时，根据评价结果，教师可以给予幼儿相应的奖励或鼓励，如颁发小奖状、小奖品等，以激发他们的积极性。并且，教师要根据评价反馈，及时调整后续的教学活动和小组合作的组织方式，不断提升小组合作学习在传统文化活动中的实施效果。

第三节　家园共育模式的探索

一、家园共育在传统文化教育中的意义

（一）文化传承的连贯性

家园共育对于传统文化教育中的文化传承具有至关重要的连贯性意义。家庭和幼儿园是幼儿成长过程中最重要的两个环境，它们在文化传承方面都发挥着不可替代的作用。在家庭中，父母和其他长辈是幼儿最早的文化启蒙者，家庭的文化氛围、传统习俗和价值观会潜移默化地影响幼儿；而幼儿园则是幼儿接受系统教育的场所，能有计划、有组织地开展传统文化教育活动。

为了确保文化传承的连贯性，家庭和幼儿园需要保持紧密的沟通与合作。幼儿园可以通过家长会、家长学校等方式，向家长宣传传统文化教育的重要性和方法，让家长了解幼儿园的教育目标和教学内容；家长则应积极配合幼儿园的教育工作，将家庭中的文化传统和习俗与幼儿园的教育活动相结合。

例如，在幼儿园开展传统节日教育活动时，家长可以在家里给幼儿讲述节日的由来和家庭中的庆祝方式，与幼儿园的教育形成呼应。同时，家长和教师还可以共同鼓励幼儿参与家庭与社区的传统文化活动，如春节的家庭团聚、端午节的社区龙舟赛等，让幼儿在不同的环境中感受传统文化的魅力，实现文化传承的连贯性。

（二）教育资源的互补性

家园共育在传统文化教育中体现出明显的教育资源互补性。家庭和幼儿园各自拥有独特的教育资源，这些资源相互补充，能为幼儿提供更丰富、更全面的传统文化教育。家庭中蕴含着丰富的家族文化、民间传统和生活经验，家长可以利用家庭的物质资源，如老照片、祖传物品等，向幼儿介绍家族的历史和文化传统；还可以通过家庭活动，如家庭聚会、节日庆祝等，让幼儿亲身体验传统习俗。

幼儿园则拥有专业的教师团队、丰富的教学设施和多样化的教学资源。教师可以运用专业的教育知识和教学方法，设计生动有趣的传统文化教育活动，如组织传统故事表演、开展民间艺术创作等。

为了充分发挥教育资源的互补性，幼儿园可以邀请家长参与幼儿园的传统文化教育活动，分享家庭中的文化资源和经验。例如，邀请擅长传统手工艺的家长到幼儿园为幼儿展示和传授技艺；家长也可以利用周末或假期，带领幼儿参观博物馆、文化遗址等场所，丰富幼儿的文化体验。同时，家庭和幼儿园可以共同开发、利用社区的文化资源，如参加社区举办的传统文化活动、邀请社区的民间艺人到幼儿园进行表演和教学等，实现教育资源的共享和互补。

（三）情感支持的完整性

家园共育在传统文化教育中为幼儿提供了完整的情感支持。情感支持对于幼儿的身心发展和学习具有至关重要的作用，它能让幼儿在充满关爱和信任的环境中成长，增强幼儿的自信心和安全感。在家庭中，家人给予幼儿的是无条件的爱和关怀，家庭的温暖和亲情能让幼儿在情感上得到满足。在传统文化教育中，家庭可以通过亲子互动、情感交流等方式，让幼儿感受到传统文化蕴含的深厚情感，如家庭的团圆、亲情的珍贵等。

幼儿园则为幼儿提供了集体的情感支持和同伴之间的友谊。在幼儿园的传统文化教育活动中，幼儿可以与同伴一起学习、一起游戏，共同体验传统文化的乐趣，培养团队合作精神和社会交往能力。教师也会给予幼儿关心和鼓励，引导幼儿积极参与活动，培养幼儿的自信心和自尊心。

为了确保情感支持的完整性，家庭和幼儿园需要共同努力。家长要积极参与幼儿园的活动，与教师保持密切的沟通，了解幼儿在幼儿园的表现和情感需求；教师要关注幼儿在家庭中的情况，与家长共同关心幼儿的成长。例如，在开展传统节日活动时，家长和教师可以一起为幼儿营造温馨、欢乐的节日氛围，让幼儿在情感上得到充分的满足和支持。

（四）价值观塑造的协同性

家园共育在传统文化教育中对于幼儿价值观的塑造具有协同性意义。价值观是人们对事物的看法和评价标准，它对人们的行为和决策具有重要的指导作用。在幼儿时期，价值观的塑造尤为关键，因为这一时期形成的价值观会对幼儿的一生产生深远影响。家庭和幼儿园在幼儿价值观的塑造中都扮演着重要角色，它们需要协同合作，共同引导幼儿树立正确的价值观。

家庭中的价值观教育主要通过家长的言传身教和家庭氛围的营造实现。家长的行为举止、道德观念和家庭的文化传统会对幼儿产生直接影响。在传统文化教育中，家长可以通过讲述家族的家训、传统美德故事等方式，向幼儿传递诚实、善良、勤劳、勇敢等价值观。幼儿园则通过教育活动、日常管理等方式，培养幼儿的爱国主义、集体主义、尊重他人等价值观。在价值观塑造的过程中，家庭和幼儿园需要保持一致的教育理念与方法。教师和家长要相互沟通、相互配合，共同为幼儿树立正确的榜样。例如，在进行传统礼仪教育时，家庭和幼儿园都要注重培养幼儿待人礼貌、尊重他人等行为习惯，让幼儿在日常生活中逐渐形成正确的价值观。

二、家长参与传统文化教育活动的方式

（一）知识分享

知识分享是家长参与传统文化教育活动的一种重要方式。家长在成长过

程中积累了丰富的传统文化知识和生活经验，这些都可以成为与幼儿分享的宝贵资源。因为幼儿的知识获取在很大程度上依赖于身边的人和环境，家长的知识分享能拓宽幼儿视野，丰富他们对传统文化的认知。

家长可以通过多种方式进行知识分享。比如，在家庭中，利用晚餐时间或者睡前故事时间，给幼儿讲述传统节日的由来、传统习俗的意义等。像在春节来临之际，给幼儿解释为什么要贴春联、挂灯笼、放鞭炮，以及这些习俗背后蕴含的驱邪避灾、祈求幸福的文化内涵。在幼儿园的活动中，家长也可以受邀到班级里给幼儿做专题讲座，分享自己擅长领域的传统文化知识。例如，有的家长对传统手工艺有深入了解，就可以向幼儿介绍剪纸、陶艺等传统工艺的制作方法和历史渊源。家长在进行知识分享时，要注意语言的简洁明了和生动有趣，结合幼儿的认知水平和兴趣点，运用比喻、故事等方式，让幼儿易于理解和接受。

（二）技能传授

技能传授是家长参与传统文化教育活动的又一有效途径。许多家长拥有传统技艺或特长，如书法、绘画、民间手工艺等，这些技能可以传授给幼儿，让他们亲身体验传统文化的魅力。因为技能的学习需要实践和指导，家长的亲身示范和手把手教学能让幼儿更好地掌握传统技能。

例如，家长如果擅长书法，就可以带着幼儿一起练习书法，从握笔姿势、基本笔画到简单的汉字书写，逐步引导幼儿感受书法的艺术之美。对于传统民间手工艺，如编织、刺绣等，家长可以准备好相应的材料和工具，先向幼儿展示制作过程，然后让幼儿动手尝试，在实践中培养他们的动手能力和创造力。在技能传授的过程中，家长要有耐心和细心，根据幼儿的年龄和能力特点，调整教学的难度和进度。同时，要鼓励幼儿发挥想象力和创造力，对传统技能进行创新和发展。比如，在剪纸活动中，鼓励幼儿设计自己独特的图案，而不是仅仅模仿现成的作品。

（三）活动协助

活动协助是家长参与传统文化教育活动不可或缺的方式。幼儿园在开展传统文化教育活动时，往往需要大量的人力和物力支持，家长的协助可以使活动更加顺利地进行。因为家长的参与可以补充幼儿园的资源不足，增加活动的趣味性和丰富性。

家长可以在活动的筹备阶段提供帮助，比如，协助教师收集活动所需的材料和道具，如在传统节日活动中，帮忙准备节日食品、装饰品等。在活动进行过程中，家长可以担任志愿者，协助教师维持秩序、指导幼儿参与活动。例如，在传统游戏活动中，家长可以和教师一起组织幼儿进行游戏，讲解游戏规则，确保幼儿的安全。在活动结束后，家长还可以参与活动的总结和反馈，为教师改进后续活动提供建议和意见。在活动协助过程中，家长要与教师密切配合，听从教师的安排和指挥，共同为幼儿营造一个良好的活动氛围。

（四）文化体验

家长还可以通过组织文化体验活动参与传统文化教育。文化体验活动能让幼儿在真实的情境中感受传统文化的魅力，加深他们对传统文化的理解和记忆。因为亲身经历和感受比单纯的知识学习更能给幼儿留下深刻印象。

家长可以利用周末或假期时间，带幼儿参观博物馆、文化古迹、传统工艺作坊等场所，让幼儿近距离观察和了解传统文化的实物与历史遗迹。比如，参观博物馆的古代文物展览，让幼儿了解古代的生产生活方式和文化艺术成就；参观传统工艺作坊，观看工匠制作传统工艺品的过程，感受传统工艺的精湛技艺和文化内涵。在文化体验活动中，家长要扮演引导者的角色，引导幼儿观察、思考和提问，帮助他们从体验中获取知识和感悟。同时，家长还可以在体验活动后与幼儿进行交流和讨论，巩固幼儿的体验成果，加深他们对传统文化的认识。

三、幼儿园与家庭的沟通与合作机制

（一）信息共享平台的构建

信息共享平台的构建是幼儿园与家庭沟通与合作机制的基础。在现代社会，信息的及时传递和共享对于教育的一致性与连贯性至关重要。由于幼儿园和家庭是幼儿生活与学习的两个主要场所，双方只有通过有效的信息共享，才能全面了解幼儿的发展状况和需求。

为了构建信息共享平台，幼儿园可以利用互联网技术，建立专门的家园沟通网站或手机应用程序。在这个平台上，教师可以发布幼儿园的教学计划、活动安排、幼儿在园的学习和生活情况等信息。家长可以通过平台随时查看这些信息，了解幼儿园的教育动态和自己孩子的表现。同时，家长也可以在平台上反馈自己的意见和建议，与教师进行互动交流。例如，当幼儿园开展传统文化教育活动时，教师可以在平台上提前发布活动的主题、内容和目标，让家长了解活动的意义和目的。家长可以根据这些信息，在家中对幼儿进行相关的知识铺垫和引导，为幼儿在园的学习做好准备。此外，平台还可以设置一些讨论区或论坛，让家长之间分享育儿经验和传统文化教育的方法，促进家长之间的相互学习和交流。

（二）定期家长会的组织

定期家长会的组织是幼儿园与家庭沟通与合作的重要方式。家长会可以为教师和家长提供一个面对面交流的机会，有助于双方深入了解幼儿的发展情况，共同探讨教育问题和解决方案。因为在家长会上，教师可以全面系统地介绍幼儿园的教育理念、教学方法和教育成果，家长可以直接向教师咨询自己关心的问题，双方可以就幼儿的教育达成共识。

幼儿园应该根据实际情况，定期组织家长会，如每学期至少组织两次到三次。在家长会的筹备阶段，教师要确定会议的主题和议程，提前收集整理相关资料和数据。会议的主题可以围绕幼儿发展、教育教学活动、传统文化教育等方面展开。在会议过程中，教师可以通过幻灯片、视频等形式，生动直观地向家长展示幼儿在园的学习和生活情况。同时，教师要鼓励家长积极发言，分享自己的育儿经验和对幼儿园工作的看法。例如，在以传统文化教育为主题的家长会上，教师可以介绍幼儿园开展传统文化教育的方法和成果，家长可以分享自己在家中进行传统文化教育的经验和做法。在家长会结束后，教师要对家长提出的问题和建议进行整理与分析，及时调整教育教学策略，改进工作。

（三）家访活动的开展

家访活动是幼儿园与家庭深入沟通与合作的有效途径。家访可以让教师走进幼儿的家庭，了解幼儿的家庭环境、生活习惯和家庭教育方式，为个性化的教育提供依据。因为家庭环境对幼儿的成长有着深远影响，教师通过家访可以更好地理解幼儿的行为和心理，与家长共同制订适合幼儿的教育计划。

教师应该有计划地开展家访活动，根据幼儿的特点和需要，选择合适的家访时间和方式。在家访前，教师要与家长预约好时间，明确家访的目的和内容。在家访过程中，教师要以亲切、友好的态度与家长交流，认真观察幼儿的家庭环境和生活情况。教师可以与家长共同探讨幼儿的发展问题，如幼儿在传统文化学习方面的兴趣和困难，听取家长的意见和建议。同时，教师要向家长介绍幼儿园的教育工作，宣传传统文化教育的重要性和方法。例如，教师可以根据幼儿在家中对传统文化的接触和兴趣，与家长一起制订一些家庭传统文化教育活动计划，如一起阅读传统故事书、观看传统文化节目等。在家访结束后，教师要及时总结家访的情况，记录家长的意见和建议，为后续的教育教学工作提供参考。

（四）家长志愿者活动的推动

家长志愿者活动的推动是幼儿园与家庭合作的创新方式。家长志愿者活动可以充分发挥家长的专业特长和资源优势，丰富幼儿园的教育教学活动，增强家长对幼儿园工作的参与感和认同感。因为家长来自不同的行业和领域，他们拥有丰富的知识和经验，可以为幼儿园的教育教学活动提供有力支持。

幼儿园可以根据教育教学的需要，邀请家长参与志愿者活动。例如，在传统文化教育活动中，如果有家长擅长传统手工艺，就可以邀请他们到幼儿园为幼儿进行示范和教学；如果有家长了解传统节日的习俗，就可以邀请他们来园为幼儿讲述节日的故事和文化内涵。幼儿园要制订明确的家长志愿者活动计划和管理制度，明确志愿者的职责和权利。在活动开展前，要对家长志愿者进行培训，让他们了解幼儿园的教育教学要求和活动流程。在活动过程中，教师要与家长志愿者密切配合，共同组织好活动。在活动结束后，要对家长志愿者的工作进行评价和反馈，给予他们充分的肯定和鼓励，激发他们继续参与的积极性。同时，幼儿园还可以通过表彰优秀家长志愿者等方式，营造良好的家园合作氛围。

第五章　优秀传统文化融入学前教育的环境创设

第一节　物质环境创设

一、室内环境的传统文化元素融入

（一）色彩运用体现文化韵味

　　色彩在室内环境中起着至关重要的作用，它能营造氛围、影响情绪，对于幼儿的认知和情感发展也有着深远影响。在将传统文化元素融入室内环境时，色彩的运用是一个关键方面。因为不同的色彩在中国传统文化中往往具有特定的象征意义，合理运用这些色彩可以让幼儿在潜移默化中感受传统文化的魅力。

　　比如，红色在中国文化中象征着吉祥、繁荣和幸福，在室内可以适当运用红色元素，如红色的装饰画边框、红色的地毯边缘等。但要注意避免大面积过度使用，以免造成视觉疲劳和刺激。黄色在传统文化中代表着尊贵和权威，可将浅黄色运用到窗帘、靠垫等软性装饰上，增添一份温暖和高贵的氛围。蓝色常常给人宁静、沉稳的感觉，与中国传统文化中的青花瓷相呼应，可以选择淡蓝色的墙面装饰线条，来体现传统文化的雅致。在色彩搭配上，要遵循协调统一的原则，例如，红色与金色搭配，能营造出华丽而庄重的氛围；蓝色与白色搭配，会给人清新、淡雅的感觉，如同传统的青花瓷器一般。教师和设计师要根据不同的功能区域与幼儿的心理需求，精心选择和搭配色彩，让室内环境既充满传统文化的韵味，又符合幼儿的审美和心理特点。

（二）空间布局传递文化理念

空间布局是室内环境设计的核心要素之一，合理的空间布局不仅能提高空间的利用率，还能传递特定的文化理念。在融入传统文化元素时，空间布局设计需要充分考虑传统文化中对于空间秩序和功能分区的理解。因为中国传统文化强调和谐、有序，空间布局也应该体现这种理念，为幼儿创造一个有序、舒适的学习和生活环境。

在教室的布局上，可以借鉴传统中式建筑的对称布局方式，将教学区、活动区、休息区等进行对称划分，给人一种稳定、平衡的感觉。例如，将黑板或展示区置于教室的正中央，两边对称布置桌椅或活动区域，体现出秩序和规整。同时，还可以设置一些独立的文化角落，如书法角、茶艺角等，让幼儿有专门的空间去体验和感受传统文化。在走廊和公共区域，可以利用隔断和屏风划分空间，屏风上可以绘制传统的图案或诗句，既起到了空间分隔的作用，又增添了文化氛围。在空间的连接和过渡上，要注重流畅性和自然性，避免出现生硬的拐角和狭窄的通道。例如，可以采用弧形的门洞或走廊，模仿传统园林中的设计元素，让幼儿在空间中自由穿梭的同时，感受到传统文化中对于自然流畅的追求。

（三）装饰图案承载文化内涵

装饰图案是室内环境中最直观的文化元素之一，它能迅速吸引幼儿的注意力，激发他们的兴趣和好奇心。各种传统的装饰图案都蕴含着丰富的文化内涵，将其融入室内环境，可以让幼儿在日常的生活和学习中接触到传统文化。因为装饰图案是文化的视觉表达，通过它们可以向幼儿传递传统文化中的价值观、审美观念和历史故事。

可以在墙面、天花板、家具等地方运用传统的装饰图案。比如，在墙面上绘制京剧脸谱图案，让幼儿了解中国传统戏曲文化的独特魅力；在天花板上装饰中国结图案，寓意着团结和幸福。在选择装饰图案时，要考虑幼儿的认知水平和兴趣爱好，选择那些形象生动、易于理解的图案。例如，选择一些具有动物形象的传统图案，如龙、凤、麒麟等，这些动物在中国文化中都具有特殊的象征意义，同时，也能引起幼儿的兴趣。对于家具的装饰，可以采用雕刻或彩绘的方式添加传统图案，如在椅子的靠背上雕刻祥云图案，在桌子的边缘绘制回纹，等等。在运用装饰图案时，要注意色彩的搭配和图案的比例，确保整体效果和谐统一，既突出文化特色，又不显得过于繁杂和刺眼。

（四）材料选择彰显文化特色

材料的选择对于室内环境的整体风格和文化氛围有着重要影响。在融入传统文化元素时，选择具有文化特色的材料，可以让室内环境更具质感和文化底蕴。因为不同的材料具有不同的质地、色彩和纹理，能传达出独特的文化信息。

木材是中国传统建筑和家具中常用的材料，具有自然、温暖的质感，可以选择实木家具或木质装饰材料来营造传统文化氛围。例如，使用木质的屏风、书架、桌椅等，让幼儿感受到木材的天然之美和传统文化中对木材的重视。丝绸也是中国传统文化的代表材料之一，其柔软光滑的质地和丰富的色彩可以用于窗帘、靠垫等装饰。陶瓷制品可以作为室内的装饰品或摆件，如青花瓷花瓶、陶瓷雕塑等，展示中国传统陶瓷工艺的精湛技艺。在选择材料时，还要考虑材料的环保性和安全性，确保幼儿的健康。同时，要注重材料之间的搭配和协调，例如，木材与石材的搭配、丝绸与棉布的搭配等，营造出丰富多样的文化氛围。通过精心选择和运用具有文化特色的材料，可以让室内环境更具文化内涵和艺术魅力，为幼儿提供一个充满传统文化气息的学习和生活空间。

二、室外环境的传统文化氛围营造

（一）景观布局展现文化秩序

景观布局在室外环境的传统文化氛围营造中起着基础性作用。合理的景观布局能体现出传统文化中蕴含的秩序和和谐之美，给幼儿带来视觉上的享受和心灵上的熏陶。因为中国传统文化强调天地人和、阴阳平衡，景观布局也应遵循这些理念，以营造出稳定而有序的空间。

在幼儿园的室外场地，可以采用对称式的景观布局。例如，在入口处两侧对称地设置花坛或景观树，给人以庄重、稳定的感觉。在活动区域的周围，可以布置环形的绿化带或矮墙，形成一个相对独立又和谐统一的空间。对于大型的游乐设施，可以将其放置在场地的中心位置，周围环绕着其他小型景观，以突出其重要性和核心地位。同时，要注重不同景观元素之间的比例和尺度关系。高大的树木可以作为背景和屏障，低矮的灌木丛可以用来划分空间，草坪则可以作为开阔的活动区域。通过合理的景观布局，让幼儿在室外活动时能感受到传统文化中秩序和平衡的魅力。

（二）建筑装饰传递文化符号

建筑装饰是室外环境中营造传统文化氛围的重要手段。建筑的外观和装饰往往能直观地传达出文化信息，激发幼儿对传统文化的兴趣和好奇心。因为建筑装饰是文化的外在表现形式，它可以通过图案、色彩、材质等元素传递特定的文化内涵。

幼儿园的建筑外墙可以采用传统的色彩和图案进行装饰。比如，运用红色、黄色等具有中国文化特色的色彩，绘制传统的吉祥图案，如龙、凤、牡丹等。屋顶的设计也可以借鉴传统建筑的形式，如采用坡屋顶或飞檐等元素，增加建筑的层次感和文化韵味。门窗的装饰可以采用雕花、镂空等工艺，刻上传统的花纹或文字。在建筑的入口处，可以设置具有传统文化特色的门廊或牌坊，上面刻有对联或警句，给人以浓厚的文化氛围。同时，建筑装饰的材料也可以选择具有传统文化特色的，如木材、石材、砖瓦等，这些材料不仅具有自然的美感，还能体现出传统文化的厚重感。

（三）园林设计融入文化意境

园林设计在室外环境的传统文化氛围营造中具有独特作用。中国传统园林追求自然、和谐、意境深远，将其理念融入幼儿园的室外园林设计中，可以为幼儿创造一个充满诗意和文化内涵的空间。因为园林是自然与人文的融合，能让幼儿在亲近自然的同时，感受到传统文化的魅力。

可以在室外园林中设置假山、水池、溪流等景观元素，模仿自然山水的形态，营造出宁静、优美的氛围。在假山上可以种植一些小型植物，增添自然气息。水池中可以放养一些小鱼或水生植物，让幼儿观察生物的生长和变化。园林中的小径可以采用鹅卵石或石板铺设，蜿蜒曲折，引导幼儿在其中漫步探索。在园林的角落或隐蔽处，可以设置一些亭台楼阁，供幼儿休息和玩耍。亭台楼阁的设计可以采用传统建筑风格，上面可以悬挂一些诗词或对联，增添文化气息。同时，园林中的植物配置也很重要，可以选择一些具有传统文化象征意义的植物，如竹子、梅花、松树等，让幼儿在欣赏植物的同时，了解其背后的文化寓意。

（四）活动设施体现文化元素

活动设施是幼儿在室外环境中进行游戏和活动的重要载体，将文化元素融入活动设施的设计中，可以让幼儿在玩耍中体验和学习传统文化。因为活动设施与幼儿的互动最频繁，通过在设施中融入文化元素，可以使幼儿在游戏过程中潜移默化地接受传统文化的熏陶。

可以设计具有传统文化特色的游乐设施，如以中国古代马车为原型的摇椅、以传统龙舟为造型的滑梯等。在攀爬设施上，可以雕刻一些传统的图案或文字，如十二生肖、古代诗词等，让幼儿在攀爬的过程中进行认知和学习。对于沙坑、水池等区域，可以设置一些与传统文化相关的玩具和道具，如模仿古代建筑的沙雕模型、传统的水车玩具等。在运动场地的周围，可以布置一些传统的体育器材，如毽子、跳绳、空竹等，鼓励幼儿参与传统体育活动。同时，活动设施的颜色和材质选择也要与传统文化氛围相协调，例如，可以选择木质或石质的材料，搭配具有传统文化特色的色彩，使活动设施既具有实用性，又具有文化艺术性。

三、教学材料与教具的传统文化体现

（一）图书绘本的文化承载

图书绘本在幼儿的学习和成长中扮演着至关重要的角色，是传递知识和价值观的重要载体。将传统文化融入图书绘本中，能让幼儿在阅读的过程中接触和了解传统文化。因为图书绘本能以其生动的画面和简洁的文字，吸引幼儿的注意力，激发他们的阅读兴趣，是幼儿获取信息和知识的重要途径。

在选择和制作图书绘本时，应注重其文化内涵。可以挑选那些以传统文化为主题的绘本，如讲述传统节日、民间故事、历史传说等内容的绘本。例如，有关春节的绘本可以详细描绘春节的各种习俗，如贴春联、挂灯笼、吃年夜饭等，让幼儿通过绘本了解春节的由来和意义。对于民间故事绘本，像《司马光砸缸》《曹冲称象》等，可以通过精美的插图和生动的文字，展现故事中的智慧和品德。在制作绘本时，还可以融入传统的绘画风格，如国画、剪纸等艺术形式，增加绘本的文化气息和艺术价值。教师在引导幼儿阅读绘本时，可以通过提问、讨论等方式，帮助幼儿深入理解绘本中的文化元素，培养他们的思考能力和文化素养。

（二）玩具教具的文化渗透

玩具教具是幼儿在教学活动中不可或缺的工具，它们对于幼儿的认知、情感和社交发展都有着重要影响。将传统文化融入玩具教具中，可以让幼儿在玩耍和操作的过程中感受传统文化的魅力。因为玩具教具具有直观性和操作性强的特点，幼儿可以通过亲身体验学习和理解文化知识。

比如，在数学教学中，可以使用具有传统文化特色的算盘作为教具。算盘是中国传统的计算工具，它不仅可以帮助幼儿学习数学运算，还可以让幼儿了解中国古代的数学文化。在语言教学中，可以使用汉字拼图玩具，拼图上可以印有甲骨文、金文等古代汉字字体，让幼儿在拼图过程中了解汉字的演变过程。传统的民间玩具，如七巧板、鲁班锁等，也可以引入教学活动中。这些玩具不仅具有趣味性，还蕴含着丰富的数学和空间思维原理，体现了中国古代人民的智慧。在选择玩具教具时，要确保其安全性和适宜性，符合幼儿的年龄特点和认知水平。教师还可以引导幼儿自己动手制作一些简单的传统玩具，如纸风筝、风车等，培养他们的动手能力和创造力，同时，加深他们对传统文化的理解。

（三）手工材料的文化融合

手工活动是幼儿非常喜爱的活动之一，通过手工材料的运用，幼儿可以锻炼动手能力、想象力和创造力。将传统文化与手工材料相结合，可以让幼儿在创作过程中体验传统文化的独特魅力。因为手工材料具有多样性和可塑性的特点，能激发幼儿的创作热情，为传统文化的融入提供了广阔空间。

在手工材料的选择上，可以使用具有传统文化特色的材料，如彩纸、丝绸、布料等。例如，在制作传统节日饰品时，可以用彩纸剪出各种形状的窗花、灯笼等，用丝绸或布料制作传统服饰的小模型。还可以提供一些传统的手工工具，如毛笔、墨汁、剪刀等。在手工活动的设计上，可以围绕传统文化主题展开，如制作京剧脸谱、绘制青花瓷图案等。教师在指导幼儿进行手工活动时，可以向他们介绍相关的文化知识和制作技巧，让幼儿在动手的同时了解传统文化内涵。同时，鼓励幼儿发挥自己的想象力和创造力，对传统文化元素进行创新和改编，培养他们的创新思维。

（四）音乐器材的文化表达

音乐对于幼儿的情感发展和审美培养具有重要作用，音乐器材是幼儿进行音乐活动的重要工具。将传统文化融入音乐器材中，可以让幼儿在音乐体验中感受传统文化的韵律和情感。因为音乐具有感染力和表现力，能通过声音和节奏传达文化信息，激发幼儿的情感共鸣。

可以引入一些传统的民族乐器，如古筝、二胡、笛子等。让幼儿了解这些乐器的构造、音色和演奏方法，感受中国传统音乐的独特魅力。在音乐活动中，可以使用这些乐器演奏传统的民间音乐或古典音乐，如《高山流水》《二泉映月》等。同时，还可以制作一些简单的传统音乐器材，如木鱼、响板、沙锤等，让幼儿在自制乐器的过程中了解乐器的发声原理和音乐的基本元素。教师在音乐教学中，可以通过讲解音乐背后的故事和文化背景，帮助幼儿理解音乐表达的情感和文化内涵。鼓励幼儿用音乐器材进行自由创作和表演，培养他们的音乐表现力和创造力，让他们在音乐世界中感受传统文化的博大精深。

四、物质环境创设的安全性与适宜性

（一）建筑结构的稳固与可靠

建筑结构的稳固与可靠是物质环境创设安全性与适宜性的基础。幼儿园的建筑作为幼儿学习和生活的主要场所，其结构的稳定性直接关系到幼儿的生命安全。因为幼儿缺乏自我保护能力，在一个不稳定的建筑环境中，他们面临着巨大的危险。

为确保建筑结构的稳固与可靠，在建筑设计和施工阶段就要严格把关。选用质量上乘、符合标准的建筑材料，确保材料的强度和耐久性能承受各种自然与人为因素的影响。例如，承重墙的材料要具备足够的抗压能力，梁柱的连接要牢固可靠。在建筑的布局上，要考虑到力学原理，使建筑的重心合理，能抵御地震、大风等自然灾害的冲击。对于老旧建筑，要定期进行结构检测和维护，及时发现和处理潜在的安全隐患。比如，检查墙体是否有裂缝、屋顶是否漏水、地基是否下沉等问题。在日常使用中，也要加强对建筑结构的监测，如安装震动传感器等设备，实时掌握建筑的结构状态。教师和工作人员要具备一定的建筑安全知识，能及时发现异常情况并采取相应的措施，确保幼儿始终处于安全的建筑环境中。

（二）室内设施的安全设置

室内设施的安全设置对于幼儿在室内活动的安全性至关重要。室内设施包括家具、电器、玩具等，这些设施如果存在安全隐患，就可能会对幼儿造成伤害。因为幼儿好奇心强，喜欢探索周围的环境，但他们缺乏安全意识和自我保护能力，容易受到室内设施的伤害。

家具的选择和布置要充分考虑幼儿的安全。家具的边角应尽量采用圆角设计，避免尖锐的边角对幼儿造成碰撞伤害。例如，桌子、椅子的边角可以安装防撞条。床铺的高度要适中，防止幼儿从上铺摔落。电器设备的安装和使用要符合安全规范，电线要隐藏或固定好，避免幼儿拉扯和触电。电器的开关应设置在幼儿无法触及的高度。玩具教具要选择质量合格、无毒无害的产品，避免因玩具的破损或有害物质对幼儿造成伤害。例如，毛绒玩具的填充物要安全、卫生，塑料玩具要坚固耐用且无尖锐边缘。室内的地面要保持干燥、防滑，防止幼儿滑倒受伤。可以铺设防滑地砖或地毯，定期清洁地面，避免积水和污渍。同时，要定期检查室内设施的安全性，及时维修或更换损坏的设施，确保幼儿在室内活动的安全。

（三）室外场地的防护措施

室外场地是幼儿进行户外活动的重要空间，完善的防护措施对于保障幼儿的安全不可或缺。室外场地存在着各种潜在的危险因素，如摔倒、碰撞、跌落等，因此必须采取有效的防护措施。因为幼儿在室外活动时更活跃，活动范围也更广，容易受到外界环境的影响而发生意外。

在室外场地的地面铺设上，应选择柔软、有弹性的材料，如塑胶地面、草坪等，减少幼儿摔倒时的冲击力。游乐设施周围要设置足够高度的防护栏，防止幼儿在玩耍时跌落。例如，滑梯、秋千等游乐设施周边要安装牢固的防护栏，防护栏的间隙要符合安全标准，避免幼儿卡住身体。对于有棱角的建筑物或设施，要进行包边处理，防止幼儿碰撞受伤。室外的水池、沙坑等区域要设置明显的警示标识，提醒幼儿注意安全。同时，要定期检查和维护室外场地的设施与防护设备，确保其正常运行和使用。例如，检查游乐设施的连接件是否松动、防护栏是否损坏等，及时进行维修和更换。在组织幼儿进行户外活动时，教师要加强对幼儿的监管和指导，提醒幼儿遵守活动规则，注意自身安全。

（四）安全标识的清晰明确

安全标识在物质环境创设中起着重要的警示和引导作用。清晰明确的安全标识能帮助幼儿识别潜在的危险，提高他们的安全意识和自我保护能力。因为幼儿的认知能力有限，通过直观的安全标识可以让他们更容易理解和遵守安全规则。

在幼儿园的室内外各区域都应设置相应的安全标识。例如，在楼梯口设置"小心台阶"的标识，在电源插座附近设置"禁止触摸"的标识，在防火设备旁设置"消防器材，禁止乱动"的标识，等等。安全标识的颜色、形状和图案要符合幼儿的认知特点，易于幼儿识别和理解。可以采用鲜艳的颜色、形象的图案和简洁的文字，吸引幼儿的注意力。同时，要定期对安全标识进行检查和维护，确保其清晰可见、无损坏。教师要向幼儿讲解安全标识的含义和作用，通过日常的教育活动强化幼儿对安全标识的认识，培养幼儿养成遵守安全标识的良好习惯。例如，在安全教育课上，通过图片、故事等形式向幼儿介绍各种安全标识，让幼儿明白不同标识代表的安全意义，引导幼儿在日常生活中主动关注和遵守安全标识。

第二节　精神文化环境营造

一、园所文化理念中的传统文化内涵

（一）价值观的传承与塑造

价值观是园所文化理念的核心部分，而传统文化中蕴含着丰富且深刻的价值观，对其进行传承与塑造在园所文化理念中至关重要。传统文化倡导的价值观，如诚信、友善、尊老爱幼、勤劳勇敢等，对幼儿的人格养成和社会适应能力的发展具有深远意义。因为幼儿正处于价值观形成的关键时期，在园所中接受这些积极价值观的熏陶，能为他们的一生奠定坚实的道德基础。

在园所文化理念中融入这些价值观，首先需要教师自身对这些价值观有深刻的理解和认同。教师要在日常的教育教学活动中，通过言传身教将这些价值观传递给幼儿。例如，在与幼儿的互动中始终保持诚信，答应幼儿的事情一定要做到，为幼儿树立诚信的榜样。在班级管理中，鼓励幼儿之间相互帮助、友善相处，当幼儿出现互助行为时及时给予肯定和表扬。在讲述故事、开展活动时，选取体现这些价值观的内容，如《孔融让梨》的故事可以引导幼儿懂得尊老爱幼和谦让，《愚公移山》的故事可以培养幼儿的坚持不懈和勤劳勇敢精神。通过多种方式的渗透，让传统文化中的价值观在幼儿心中生根发芽，成为他们内在的行为准则和道德标准。

（二）教育目标的文化导向

教育目标是园所文化理念的重要体现，传统文化可以为园所教育目标的设定提供深厚的文化导向。传统文化强调培养全面发展的人，注重品德修养、知识技能、审美情趣等多个方面的培养，这与现代学前教育的全面发展理念相契合。因为将传统文化融入教育目标中，能使教育目标更具文化底蕴和历史传承性，避免教育的片面性和功利性。

在确定园所教育目标时，要充分考虑传统文化的因素。一方面，要将品德教育置于重要位置，培养幼儿具备良好的道德品质和行为习惯。例如，将培养幼儿的礼仪规范、感恩之心等作为教育目标的一部分。另一方面，要重视传统文化知识和技能的传授，如让幼儿了解传统节日的由来、习俗，学习传统手工艺，等等。同时，还可以通过艺术教育培养幼儿对传统文化的审美感知，如欣赏传统绘画、音乐、舞蹈等。为了实现这些教育目标，教师要制订详细的教学计划和活动方案。在教学过程中，采用多样化的教学方法，如体验式教学法、情境教学法等，让幼儿在生动有趣的活动中实现教育目标。例如，通过组织传统节日庆祝活动，让幼儿亲身体验节日文化，实现对传统节日知识和情感的培养。

（三）教育方法的文化借鉴

传统文化中蕴含着丰富的教育方法，这些教育方法可以为现代学前教育提供有益的借鉴，成为园所文化理念的重要组成部分。传统文化中的因材施教、启发诱导、知行合一等教育方法，历经时间的考验，具有重要的教育价值。因为不同的幼儿具有不同的个性特点和学习需求，这些传统教育方法能满足幼儿多样化的发展需求，提高教育的有效性。

在园所文化理念中融入这些教育方法，教师需要深入了解和研究传统文化中的教育智慧。对于因材施教，教师要充分观察和了解每个幼儿的兴趣、能力与学习风格，根据幼儿的个体差异制订个性化教育计划。例如，对于语言表达能力较强的幼儿，可以给予他们更多的语言表达机会，如故事讲述、诗歌朗诵等活动；对于动手能力较强的幼儿，可以引导他们参与手工制作、科学实验等活动。对于启发诱导，教师在教学活动中要善于提问、引导幼儿思考，激发幼儿的学习兴趣和主动性。例如，在科学探索活动中，通过提出"为什么会这样呢？""还有其他的办法吗？"等问题，启发幼儿进行思考和探索。对于知行合一，教师不仅要传授知识，还要注重引导幼儿将所学知识运用到实际生活中。例如，在学习了礼仪知识后，鼓励幼儿在日常生活中践行礼仪规范，养成良好的行为习惯。

（四）园所精神的文化滋养

园所精神是园所文化理念的灵魂，传统文化能为园所精神的培育提供丰富的营养和深厚的文化滋养。园所精神体现着园所的凝聚力、向心力和独特文化气质，而传统文化中的团结协作、坚韧不拔、和谐共生等精神特质，可以为园所精神注入强大的动力。因为这些精神特质能激发教师和幼儿的积极性与创造力，营造积极向上、团结和谐的园所氛围。

为了培育具有传统文化内涵的园所精神，园所可以开展一系列的文化活动和团队建设活动。例如，组织教师学习传统文化经典，开展传统文化主题的研讨活动，提升教师对传统文化的认知和理解，增强教师之间的文化认同感和团队凝聚力。对于幼儿，可以通过开展集体活动，如传统体育游戏、合唱比赛等，培养幼儿的团结协作精神。同时，在园所环境创设中体现传统文化精神，如在园所的宣传栏、走廊等地方展示体现团结、坚忍等精神的故事和图片。园所管理者要以身作则，带头践行传统文化精神，以自身的言行影响教师和幼儿。在处理园所事务和人际关系时，注重和谐、包容的原则，营造一个充满文化气息和人文关怀的园所环境，让园所精神在传统文化的滋养下不断发展和升华。

二、教师的传统文化素养与行为示范

（一）知识储备的深厚积累

教师拥有深厚的传统文化知识储备至关重要。传统文化知识涵盖丰富的领域，包括传统节日、民间艺术、古典文学、传统礼仪等，这些知识对于将优秀传统文化融入学前教育起着基础性作用。因为只有教师自身具备丰富的知识，才能在教育教学活动中有针对性地选取合适的内容传递给幼儿，激发幼儿对传统文化的兴趣和热爱。

为了积累深厚的传统文化知识，教师需要主动进行多方面的学习。可以通过阅读经典的传统文化书籍拓宽知识面，如《论语》《诗经》《孟子》等经典著作，以及介绍传统节日、民间工艺等方面的专业书籍。参加各类传统文化培训和讲座也是有效的途径，这些培训和讲座往往由专业的学者或专家主讲，能为教师提供系统的知识和深入的解读。利用网络资源进行自主学习也不可忽视，现在有许多关于传统文化的在线课程、学术文章和视频资料，教师可以根据自己的时间和需求进行选择学习。此外，教师还可以与同行进行交流和分享，互相学习彼此的经验和知识，共同提高传统文化素养。

（二）情感认同的内在驱动

教师对传统文化的情感认同是其能有效传递和弘扬传统文化的内在动力。情感认同意味着教师从内心深处认可和珍视传统文化的价值，这种情感会在日常的教育教学中自然地流露出来，感染幼儿，激发幼儿对传统文化的情感共鸣。因为只有当教师自身对传统文化充满热爱和认同时，他才能以饱满的热情和积极的态度引导幼儿去感受与体验传统文化的魅力。

培养教师的情感认同需要教师深入了解传统文化背后的故事和意义。比如，通过了解传统节日的起源和发展历程，体会其中蕴含的人们对美好生活的向往和祝福；通过欣赏传统艺术作品，感受艺术家在创作中倾注的情感和智慧。教师还可以亲身参与传统文化活动，如参加传统节日庆祝活动、体验传统手工艺制作等，在实践中加深对传统文化的情感体验。同时，学校和教育机构也可以通过组织文化考察、参观博物馆与文化遗址等活动，让教师更直观地感受传统文化的博大精深，增强教师的情感认同。在日常工作中，教师要不断反思自己对传统文化的态度和情感，保持对传统文化的敬畏之心，将这种情感认同转化为教育教学中的实际行动。

（三）教学能力的专业提升

教师具备专业的教学能力是将传统文化融入学前教育的关键。专业的教学能力包括教学设计能力、教学实施能力、教学评价能力等方面，这些能力直接影响着传统文化教育的效果。因为教师需要根据幼儿的年龄特点和认知水平，设计出有趣、生动、适宜的教学活动，运用恰当的教学方法将传统文化知识传授给幼儿，并能对教学效果进行科学合理的评价和反思。

提升教师的教学能力，首先要加强教学设计能力。教师在设计传统文化教学活动时，要充分考虑幼儿的兴趣和需求，选择贴近幼儿生活、易于理解和接受的内容。比如，在设计传统节日教学活动时，可以结合幼儿的生活经验，通过图片、故事、游戏等多种形式让幼儿了解节日的习俗和意义。在教学实施过程中，教师要灵活运用多种教学方法，如体验式教学法、情境教学法、故事讲述法等，激发幼儿的学习兴趣和主动性。例如，在教授传统礼仪时，可以通过创设情境，让幼儿在实际情境中体验和学习礼仪规范。在教学评价方面，教师要建立多元化的评价体系，不仅要关注幼儿对知识的掌握程度，还要关注幼儿在情感、态度、价值观等方面的发展。可以通过观察幼儿的行为表现、与幼儿交流互动、收集幼儿的作品等方式进行评价，及时调整教学策略，提高教学质量。

（四）行为示范的潜移默化

教师的行为示范对幼儿具有潜移默化的影响。在传统文化教育中，教师的言行举止、礼仪规范、品德修养等都在无声地传递着传统文化的价值观。因为幼儿具有很强的模仿能力，教师的行为会成为幼儿模仿的对象，教师的言传身教对于培养幼儿良好的品德和行为习惯至关重要。

教师要在日常行为中体现传统文化的礼仪规范。例如，见面时主动问候、使用礼貌用语、尊重他人的意见和感受等，为幼儿树立文明礼貌的榜样。在品德修养方面，教师要做到诚实守信、正直善良、宽容大度等，用自己的品德感染幼儿。在处理问题和矛盾时，教师要运用传统文化中的智慧和方法，如以和为贵、换位思考等，引导幼儿学会正确处理人际关系。教师还可以通过自己的兴趣爱好和生活方式影响幼儿，如教师自己喜爱书法、绘画、传统音乐等，并在适当的时候与幼儿分享，激发幼儿对传统文化的兴趣。同时，教师要时刻注意自己的言行一致性，做到言行相符，以自身的行为示范引领幼儿在传统文化的熏陶下健康成长。

三、幼儿同伴文化的培养与引导

（一）合作意识的培育

合作意识在幼儿同伴文化中具有关键意义。幼儿时期是培养合作意识的重要阶段，因为合作能力将对幼儿未来的学习和生活产生深远影响。在同伴互动中，幼儿通过合作可以共同完成任务、解决问题，体验到合作带来的成就感和乐趣。

为了培育幼儿的合作意识，教师可以在日常活动中有意识地安排需要合作的任务。例如，在手工活动中，将幼儿分成小组，共同制作一件大型的手工作品，如用积木搭建城堡、用彩纸制作一幅大型拼贴画等。在小组活动中，引导幼儿明确各自的分工，学会相互配合。教师还可以通过故事和游戏强化合作意识。讲述一些关于合作的故事，如《三个和尚》，让幼儿明白只有合作才能解决问题。在游戏中，设计一些合作性的游戏，如接力比赛、小组拼图游戏等，让幼儿在游戏中体会到合作的重要性。在活动过程中，教师要及时给予鼓励和肯定，当幼儿表现出合作行为时，用积极的语言表扬他们，如"你们小组合作得真默契，城堡搭得真漂亮！"，这样可以增强幼儿的自信心和继续合作的动力。

（二）分享精神的养成

分享精神是幼儿同伴文化中不可或缺的一部分。分享能促进幼儿之间的情感交流，增强彼此的信任和友谊，培养幼儿的社会交往能力。因为幼儿在分享的过程中，学会关心他人，理解他人的需求，从而更好地适应集体生活。

教师可以通过多种方式培养幼儿的分享精神。在日常生活中，教师要以身作则，主动与幼儿分享自己的物品、故事和情感。例如，教师可以带一些小零食与幼儿分享，或者给幼儿讲自己的生活趣事。在班级中设置分享角，鼓励幼儿将自己喜欢的玩具、书籍等带到幼儿园与同伴分享。定期组织分享活动，如"玩具分享日""美食分享会"等，让幼儿在特定活动中体验分享的快乐。当幼儿出现分享行为时，教师要及时给予表扬和鼓励，让幼儿感受到分享带来的积极反馈。同时，教师可以引导幼儿讨论分享的意义，如"为什么要分享？""分享给我们带来了什么？"，通过讨论，让幼儿更加深入地理解分享的价值，从而自觉养成分享的习惯。

（三）尊重差异理念的树立

尊重差异对于幼儿同伴文化的健康发展至关重要。每个幼儿都有自己独特的个性、兴趣和能力，尊重差异可以让幼儿学会接纳和欣赏他人的不同，避免因差异而产生冲突和排斥。因为在一个多元的社会中，学会尊重差异是幼儿必备的社会交往能力。

教师可以通过开展多样化的活动帮助幼儿树立尊重差异的理念。例如，组织"我的独特之处"主题活动，让幼儿介绍自己的兴趣爱好、特长和家庭文化背景等，让幼儿了解每个人都是独一无二的。在活动中，引导幼儿发现他人的优点，学会欣赏他人。当幼儿之间出现因差异而产生的矛盾时，教师要及时引导幼儿进行沟通和理解。例如，两个幼儿因为喜欢不同的颜色而发生争执，教师可以引导他们讨论不同颜色的特点和美丽之处，让他们明白每个人都有自己的喜好，要尊重他人的选择。教师还可以通过故事和绘本向幼儿传递尊重差异的信息，选择一些关于尊重差异的故事，如《花格子大象艾玛》等，通过故事中的情节让幼儿明白尊重差异的重要性。

（四）礼仪规范的习得

礼仪规范是幼儿同伴文化的重要体现。良好的礼仪规范可以促进幼儿之间的友好交往，建立和谐的同伴关系。因为礼仪是社会交往的基本准则，幼儿从小习得礼仪规范，有助于他们养成良好的行为习惯和品德修养。

教师要在日常活动中注重礼仪教育。从基本的礼貌用语开始，如"请""谢谢""对不起"等，引导幼儿在交往中正确使用。在日常生活的各环节，如入园、进餐、午睡等，都要有相应的礼仪规范要求。例如，入园时要主动向教师和同伴问好；进餐时要安静、文明，不挑食、不浪费；等等。教师可以通过榜样示范的方式让幼儿学习礼仪规范，教师自身要做到言行举止文明得体，为幼儿树立良好的榜样。同时，还可以通过儿歌、游戏等方式帮助幼儿记忆和理解礼仪规范。例如，通过唱儿歌《礼貌歌》，让幼儿在轻松愉快的氛围中学习礼貌用语和行为；定期开展"礼仪小标兵"评选活动，鼓励幼儿遵守礼仪规范，激发幼儿学习礼仪的积极性。

四、精神文化环境的评估与优化

（一）价值观的一致性评估

价值观的一致性在精神文化环境中起着核心的引领作用。幼儿园的精神文化环境应该传递积极、统一且符合优秀传统文化内涵的价值观，因为价值观的一致性能给予幼儿稳定的认知导向和行为准则，帮助他们在成长过程中形成正确的世界观、人生观和价值观。

评估价值观的一致性，首先要审视幼儿园的办园理念和教育目标。这些理念和目标是否明确体现了对优秀传统文化价值观的重视，如诚实、友善、尊重、勤劳等。教师的教育教学活动是否围绕这些价值观展开，是否在日常的言行举止中传递着相同的价值观念。例如，教师在与幼儿交流时是否始终保持尊重和友善的态度，在处理幼儿之间的矛盾时是否引导他们以诚实和友善的方式解决问题。对于优化价值观的一致性，可以通过加强教师培训，使教师深入理解优秀传统文化中的价值观，并将其融入教学和班级管理中。定期组织教师研讨活动，分享在价值观教育方面的经验和做法，共同探讨如何更好地在精神文化环境中体现价值观的一致性。还可以通过园所文化建设，如在校园内张贴体现优秀传统文化价值观的标语、宣传画等，营造浓厚的价值观氛围。

（二）情感氛围的和谐度评估

和谐的情感氛围是精神文化环境的重要特征。一个充满关爱、温暖和积极情感的环境能让幼儿感到安全与舒适，促进他们的身心健康和情感发展。因为幼儿在这样的环境中更容易建立自信，敢于表达自己的情感和想法，积极参与各种活动。

评估情感氛围的和谐度，可以观察教师与幼儿之间的互动关系。教师是否给予幼儿充分的关爱和关注，是否耐心倾听幼儿的话语，是否用鼓励和支持的方式回应幼儿的需求。同时，也要观察幼儿之间的同伴关系，是否存在友好、互助、合作的情感氛围，幼儿在遇到困难时能否相互支持。为了优化情感氛围，可以从教师自身做起，教师要以积极的情感状态面对幼儿，用微笑、拥抱等方式表达对幼儿的关爱。在班级中组织情感交流活动，如"分享我的心情"等，让幼儿学会表达和理解情感。开展团队建设活动，增强幼儿之间的凝聚力和情感联系，如小组合作游戏、班级集体活动等。还可以通过家园合作，邀请家长参与情感氛围的营造，如组织亲子活动，让家长和幼儿共同感受和谐的情感氛围。

（三）文化内涵的丰富性评估

丰富的文化内涵能为幼儿提供多元的精神滋养，使他们在优秀传统文化的熏陶下开阔视野、增长见识。因为不同的传统文化元素蕴含着丰富的知识和智慧，能激发幼儿的好奇心和探索欲，培养他们的文化素养和审美能力。

评估文化内涵的丰富性，需要考察幼儿园的课程设置、活动安排及环境创设等方面。课程中是否包含丰富的优秀传统文化内容，如传统节日、民间艺术、古典文学等；活动是否多样化，是否涵盖文化体验、艺术创作、故事讲述等多种形式；环境创设是否体现了优秀传统文化的特色，如教室布置、校园装饰等是否融入了传统文化元素。要优化文化内涵的丰富性，可以在课程中增加更多的传统文化主题活动，根据不同的年龄阶段和幼儿的兴趣特点，设计具有针对性的文化课程。例如，为小班幼儿设计简单的传统节日认知活动，为中班幼儿开展民间故事讲述活动，为大班幼儿组织传统工艺制作活动。利用社区和家长资源，邀请民间艺人、文化专家到幼儿园开展讲座和展示活动，拓宽幼儿的文化视野。在环境创设方面，不断更新和丰富传统文化元素，定期更换校园内的文化展示内容，如展示不同的传统艺术作品、介绍新的文化知识等。

（四）精神激励的有效性评估

有效的精神激励能激发幼儿的内在动力，促进他们的积极行为和自我发展。在精神文化环境中，精神激励可以通过表扬、鼓励、肯定等方式给予幼儿正面的反馈，让他们感受到自己的努力和进步得到认可。因为幼儿在获得精神激励后会更加自信和积极，更愿意尝试新的事物和挑战自我。

评估精神激励的有效性，可以观察幼儿在受到表扬和鼓励后的反应与行为变化。幼儿是否因为精神激励而更加积极地参与活动，是否在面对困难时表现出更强的坚持性和努力程度。教师能否根据幼儿的个性和表现给予恰当的精神激励，激励的方式和时机是否合适。为了优化精神激励的有效性，教师要善于发现幼儿的优点和进步，及时给予具体、明确的表扬和鼓励。例如，当幼儿在绘画活动中表现出独特的创意时，教师可以说："你画的这幅画真有想象力，色彩搭配也非常棒，继续加油！"同时，要注重激励的多样性，除了语言表扬外，还可以使用奖励贴纸、荣誉证书等方式。建立积极的班级文化，鼓励幼儿之间相互激励和肯定，形成良好的精神激励氛围。教师还可以与家长合作，让家长在家中也给予幼儿适当的精神激励，共同促进幼儿的成长和发展。

第三节　环境创设中的教师与幼儿互动

一、教师引导幼儿参与环境创设的方法

（一）激发兴趣与好奇心

激发幼儿的兴趣与好奇心是教师引导幼儿参与环境创设的重要基础。幼儿天生对周围的世界充满好奇，当他们对环境创设的活动产生浓厚兴趣时，会更积极主动地投入其中。因为兴趣和好奇心是幼儿参与活动的内在动力，能促使他们主动探索和尝试。

教师可以通过多种方式激发幼儿的兴趣与好奇心。例如，在介绍环境创设的主题时，可以运用生动有趣的语言和富有感染力的表达方式。比如，当创设传统节日主题的环境时，教师可以绘声绘色地讲述节日的故事和传说，引起幼儿的兴趣；还可以展示一些与主题相关的有趣物品或图片，如传统节日的特色美食、服饰、装饰品等，让幼儿直观地感受主题的魅力。利用提问的方式激发幼儿的思考，如"你们知道春节的时候人们会做些什么吗？我们可以怎样把教室布置成春节的样子呢？"，引发幼儿对环境创设的思考和想象。同时，教师自身要表现出对环境创设的热情和兴趣，用自己的情绪感染幼儿，让幼儿感受到活动的趣味性和吸引力。

（二）明确目标与任务

明确目标与任务对于幼儿参与环境创设至关重要。幼儿需要清楚地知道自己在环境创设中要做什么、达到什么样的效果，这样才能有针对性地进行活动。因为如果目标和任务不明确，幼儿就会感到迷茫和不知所措，参与的积极性和效果就会大打折扣。

教师在引导幼儿参与环境创设之前，要根据主题和幼儿实际情况确定清晰的目标与任务。例如，在创设传统民间艺术主题的环境时，目标可以是让幼儿了解和感受传统民间艺术的魅力，任务可以包括收集民间艺术作品的图片、共同制作一些简单的民间手工艺品用于装饰等。教师要用幼儿能理解的语言向他们解释目标和任务，可以通过简单的讲解、图片展示或实际操作演示等方式。在活动过程中，不断提醒幼儿目标和任务，确保他们始终保持清晰的方向。同时，根据幼儿的能力和兴趣对任务进行适当的调整和分配，让每个幼儿都能在自己的能力范围内承担一定任务，体验到成功的喜悦。例如，对于动手能力较强的幼儿，可以安排他们参与较为复杂的手工制作；对于语言表达能力较好的幼儿，可以让他们负责介绍环境创设的成果。

（三）提供材料与工具

提供丰富多样的材料与工具是支持幼儿参与环境创设的必要条件。材料与工具是幼儿进行创作和实践的物质基础，合适的材料与工具能激发幼儿的创造力和想象力，让他们能更好地实现自己的想法。因为不同的材料与工具具有不同的特点和用途，能满足幼儿多样化的创作需求。

教师要根据环境创设的主题和幼儿的需求，精心准备各种材料和工具。在选择材料时，要考虑材料的安全性、多样性和可操作性。例如，对于传统工艺主题的环境创设，可以提供彩纸、胶水、颜料、布料、毛线等材料，以及安全剪刀、儿童画笔等工具。将材料和工具分类摆放，便于幼儿取用和选择。同时，鼓励幼儿自主探索材料和工具的使用方法，给予他们充分的自由和空间发挥创造力。教师可以适时地给予一些指导和建议，例如，"你们可以试试用彩纸剪出不同的形状来装饰墙面，或者用颜料给画纸涂上漂亮的颜色"。在活动过程中，根据幼儿的反馈和需求，及时补充和调整材料与工具，确保幼儿能顺利进行环境创设活动。

（四）鼓励合作与交流

鼓励幼儿之间的合作与交流是提升环境创设效果和促进幼儿全面发展的重要途径。合作与交流能培养幼儿的团队意识、沟通能力和社会交往能力，让他们在相互学习和帮助中共同成长。因为在环境创设过程中，幼儿往往需要与同伴合作才能完成一些较大型或复杂的任务，同时，通过交流可以分享彼此的想法和经验。

教师要营造一个鼓励合作与交流的氛围，让幼儿感受到合作的重要性和乐趣。可以通过组织小组活动的方式，引导幼儿共同完成环境创设的任务。例如，将幼儿分成几个小组，每个小组负责一个区域的装饰或一个项目的制作。在小组活动中，教师要引导幼儿学会分工合作、相互协调。当幼儿之间出现分歧或矛盾时，及时给予引导和帮助，让他们学会倾听和尊重他人的意见，通过协商解决问题。鼓励幼儿在活动中积极交流自己的想法和经验，可以组织小组讨论或分享会，让幼儿有机会展示自己的成果和想法，同时，从同伴那里获得启示和建议。例如，在环境创设完成后，让每个小组介绍自己负责的部分，分享在活动中的收获和体会。教师要对幼儿的合作与交流行为给予及时的肯定和表扬，强化他们的积极行为，激发他们继续参与合作与交流的积极性。

二、幼儿在环境创设中的学习与成长

（一）创造力的激发

在环境创设中，幼儿的创造力能得到极大激发。环境创设为幼儿提供了一个自由表达和发挥想象力的空间，他们可以根据自己的想法和意愿去设计、装饰与改变周围的环境。因为幼儿的思维具有很强的开放性和灵活性，在这个过程中，他们不受过多的规则和限制，能尽情地释放自己的创造力。

为了更好地激发幼儿的创造力，教师要给予幼儿充分的自主决策权。例如，在确定环境创设的主题后，让幼儿自己思考用什么样的方式和材料来表现主题。可以提供丰富多样的材料供幼儿选择，如各种颜色和质地的纸张、布料、废旧物品等，鼓励幼儿尝试用不同的材料进行组合和创新。在幼儿进行创作时，教师不应过多地干涉和指导，而应给予他们足够的时间和空间去探索与尝试。当幼儿遇到困难时，可以给予适当的启示和引导，但不要直接给出答案。例如，当幼儿不知道如何用材料表现一个传统节日的场景时，教师可以提问："你想想这个节日有哪些特别的元素呢？我们可以用什么材料做出这些元素呢？"通过这样的方式，引导幼儿自己找到解决问题的方法，激发他们的创造力。

（二）审美能力的提升

环境创设对于幼儿审美能力的提升有着重要作用。在参与环境创设的过程中，幼儿会接触到各种色彩、形状、图案和材料，通过对这些元素的感知和组合，他们能逐渐形成对美的认识和理解。因为审美能力是在不断观察、比较和判断中发展起来的，而环境创设为幼儿提供了丰富的审美体验机会。

教师可以通过引导幼儿观察周围的环境培养他们的审美感知能力。例如，在创设具有传统文化特色的环境时，让幼儿观察传统建筑的色彩搭配、装饰图案的特点等。在选择材料和进行装饰时，引导幼儿考虑色彩的协调性、图案的对称性等审美因素。同时，教师可以组织幼儿对不同的环境创设作品进行欣赏和评价，让他们学会用恰当的语言表达自己对美的感受和看法。例如，"你觉得这个装饰漂亮吗？为什么？""你最喜欢哪个部分？它有什么特别之处？"。通过这样的交流和讨论，帮助幼儿提高审美判断能力，逐渐形成自己的审美标准。此外，教师自身也要注重审美能力的提升，在环境创设中发挥榜样示范作用，用自己的审美眼光和行为影响幼儿。

（三）知识经验的积累

幼儿在环境创设中能积累丰富的知识经验。环境创设的主题往往涉及各领域的知识，如传统文化、自然科学、社会生活等。在参与过程中，幼儿需要了解相关的知识背景，才能更好地完成创设任务。因为知识经验的积累是一个渐进的过程，通过实际操作和体验，幼儿能将抽象的知识转化为具体的认知。

教师可以根据环境创设的主题，有针对性地向幼儿传授相关知识。例如，在以传统节日为主题的环境创设中，向幼儿介绍节日的由来、习俗、意义等知识。还可以通过阅读相关书籍、观看视频资料等方式，拓宽幼儿的知识视野。在幼儿进行实际操作时，引导他们将所学的知识运用到实践中。例如，在制作传统手工艺品时，让幼儿了解传统手工艺的制作方法和技巧，同时，体会其中蕴含的文化内涵。在环境创设完成后，组织幼儿对整个过程进行回顾和总结，帮助他们梳理和巩固所学的知识经验。例如，"我们在这次环境创设中学到了哪些关于传统文化的知识呢？""这些知识对我们有什么帮助呢？"。通过这样的方式，加深幼儿对知识的理解和记忆，促进知识经验的内化。

（四）社会交往能力的发展

环境创设活动能促进幼儿社会交往能力的发展。在环境创设过程中，幼儿需要与同伴进行合作、交流和协商，共同完成任务。因为社会交往能力是在与他人互动的过程中逐渐培养起来的，而环境创设为幼儿提供了这样一个互动的平台。

教师要鼓励幼儿积极与同伴进行交流和合作。可以通过组织小组活动的方式，让幼儿在小组中分工合作，共同完成环境创设的任务。在小组活动中，引导幼儿学会倾听他人的意见和建议，尊重他人的想法和选择。当幼儿之间出现分歧和矛盾时，教师要及时进行调解和引导，帮助他们学会用恰当的方式解决问题。例如，"我们可以一起商量一个大家都满意的办法""你能不能听听他的想法呢？"。同时，教师还可以通过组织分享活动，让幼儿有机会向其他小组介绍自己小组的作品和经验，提高幼儿的表达能力和沟通能力。在整个环境创设过程中，教师要注重培养幼儿的团队意识和合作精神，让他们明白只有通过共同努力才能完成一件优秀的环境创设作品。

三、教师与幼儿互动的策略与技巧

（一）倾听与理解

倾听与理解是教师与幼儿互动的基础策略。幼儿往往有强烈的表达欲望，他们渴望被倾听和理解。因为只有当教师认真倾听幼儿的话语，深入理解他们的想法和感受时，教师才能与幼儿建立起良好的互动关系，为后续的教育引导奠定基础。

教师在倾听时，要给予幼儿充分的关注和耐心。停下手中的其他工作，保持专注的姿态，用眼神、表情和肢体语言向幼儿传达自己在认真倾听。例如，微微前倾身体，面带微笑，与幼儿保持适当的目光接触。在理解方面，教师要站在幼儿的角度去思考问题，避免以成人的思维模式去评判幼儿的表达。当幼儿描述一个想法或事件时，教师可以通过重复、追问等方式确认自己的理解是否准确。比如，幼儿说："我觉得那幅画好漂亮。"教师可以回应："你说的是哪一幅画呀？为什么觉得它漂亮呢？"通过这样的互动，让幼儿感受到自己的想法被重视和理解，从而更愿意与教师分享更多的内心世界。

（二）鼓励与肯定

鼓励与肯定是激发幼儿积极参与互动的重要技巧。幼儿在成长过程中需要不断地获得鼓励和肯定来增强自信心与积极性。因为积极的反馈能让幼儿认识到自己的价值和能力，从而更有动力去探索和尝试。

教师要善于发现幼儿的优点和进步，及时给予具体而真诚的鼓励与肯定。例如，当幼儿在传统文化活动中勇敢地表达自己对传统节日的认识时，教师可以说："你说得很清楚，对传统节日的了解很深入，真了不起！"对于幼儿的努力和尝试，即使结果并不完美，也要给予鼓励与肯定。比如，幼儿在尝试制作传统手工艺品时遇到困难但没有放弃，教师可以说："你一直坚持努力，这种精神很棒，继续加油，一定能做得更好。"在鼓励和肯定时，要注意语言的丰富性和多样性，避免过于单调和空洞的表扬。同时，还可以结合肢体动作，如竖起大拇指、轻拍幼儿的肩膀或给予幼儿一个拥抱，增强鼓励和肯定的效果。

（三）提问与引导

提问与引导是促进幼儿思考和深入互动的有效策略。通过巧妙的提问和恰当的引导，能激发幼儿的思维，帮助他们拓展认知和提升问题解决能力。因为提问可以引发幼儿的好奇心和求知欲，引导则可以帮助幼儿在思考的过程中找到正确方向。

教师在提问时，要根据幼儿的年龄特点和认知水平设计问题。问题既要有一定的挑战性，能激发幼儿的思考，又要在幼儿的能力范围内，确保他们能通过努力找到答案。例如，在介绍传统民间故事时，可以问："如果你是故事中的主人公，那么你会怎么做呢？"在引导方面，当幼儿遇到困难或思维陷入困境时，教师可以给予适当的提示和启发。比如，在幼儿思考如何用绘画表现传统习俗不知从何下手时，教师可以说："我们可以先想一想这个习俗有哪些主要的元素和场景呢？"通过提问和引导，让幼儿在互动中不断提高思维能力和问题解决能力。

（四）反馈与调整

反馈与调整是保证教师与幼儿互动持续有效进行的关键环节。教师需要根据幼儿的反馈及时调整自己的互动策略和方法，以适应幼儿的需求和变化。因为幼儿的发展是动态的，在互动过程中可能会出现各种新的情况和问题，只有不断进行反馈和调整，才能确保互动的质量和效果。

教师要密切观察幼儿在互动中的反应和表现，收集他们的反馈信息。如果幼儿对某个话题或活动表现出浓厚的兴趣，教师可以进一步深入展开；如果幼儿感到困惑或厌倦，教师则需要及时调整策略。例如，在进行传统文化体验活动时，如果幼儿对某个传统游戏不太感兴趣，那么教师可以询问原因，然后根据幼儿的意见调整游戏的规则或形式。同时，教师也要定期反思自己的互动行为，总结经验教训，不断改进自己的互动策略。例如，在一天的教学活动结束后，回顾自己与幼儿的互动过程，思考哪些地方做得好，哪些地方需要改进，以便在今后的互动中做出更合适调整。

四、家园合作在环境创设中的作用

（一）资源共享的促进

家园合作在环境创设中能极大地促进资源共享。家庭和幼儿园各自拥有独特的资源，通过合作可以将这些资源整合起来，为环境创设提供更丰富的支持。因为家庭中蕴含着丰富的文化资源、物质资源和人力资源，而幼儿园则有专业的教育资源和场地资源，两者的结合可以发挥更大作用。

在家庭方面，家长可以提供各种与传统文化相关的物品和资料。比如，有的家长可能收藏有传统手工艺品、老照片、古籍等，这些都可以成为环境创设的素材。家长还可以分享自己的专业知识和技能，如有的家长擅长书法、绘画、传统手工艺制作等，他们可以到幼儿园为幼儿进行示范和指导。幼儿园则可以提供专业的教育理念和方法，引导家长如何有效地利用资源进行环境创设。例如，教师可以根据环境创设的主题和目标，指导家长选择合适的资源并进行合理运用。同时，幼儿园还可以开放自己的场地和设施，为家长参与环境创设提供便利。为了实现资源共享，幼儿园可以通过家长会、家长学校等途径，向家长宣传资源共享的重要性和方法，鼓励家长积极参与。教师也可以主动与家长沟通，了解家长拥有的资源，并根据需要进行整合和利用。

（二）教育理念的统一

家园合作有助于实现教育理念在环境创设中的统一。家庭和幼儿园都是幼儿成长的重要环境，只有两者的教育理念保持一致，才能为幼儿提供连贯和稳定的教育。因为如果家庭和幼儿园在环境创设的理念上存在差异，那么可能会让幼儿感到困惑，影响教育效果。

幼儿园应该主动向家长传达环境创设中蕴含的教育理念和目标。通过家长会、家园联系栏、微信群等方式，向家长详细解释环境创设对幼儿发展的重要性及遵循的教育原则。例如，在进行传统文化主题的环境创设时，向家长说明通过创设这样的环境，可以培养幼儿对传统文化的认同感和自豪感，促进幼儿的全面发展。家长也要积极与幼儿园沟通，了解幼儿园的教育理念和环境创设的意图，同时，分享自己对教育的看法和期望。双方可以通过定期的交流和讨论，共同探讨如何在环境创设中更好地体现教育理念，达成共识。在实际操作中，教师可以邀请家长参与环境创设的规划和设计，让家长充分了解环境创设的过程和目的，从而更好地理解和支持幼儿园的工作。家长也可以在家中营造与幼儿园相呼应的环境氛围，强化幼儿在环境创设中获得的教育体验。

（三）幼儿参与的推动

家园合作能有力地推动幼儿积极参与环境创设。幼儿是环境创设的主体，他们的参与对于环境创设的效果和意义至关重要。家庭和幼儿园的共同努力可以激发幼儿的兴趣与积极性，提高他们的参与度。因为家庭和幼儿园可以从不同的角度给予幼儿支持与鼓励，让他们感受到自己在环境创设中的重要性。

幼儿园可以通过组织各种活动，鼓励幼儿参与环境创设。例如，开展主题讨论活动，让幼儿发表自己对环境创设的想法和建议；设置专门的创作区域，让幼儿动手制作装饰品和道具。教师要给予幼儿充分的自主权和选择权，让他们根据自己的兴趣和能力进行创作。家庭则可以在日常生活中培养幼儿的参与意识和动手能力。比如，家长可以和幼儿一起收集废旧物品，进行创意改造，为幼儿园的环境创设提供材料；在家中与幼儿一起进行简单的手工制作，提高幼儿的动手能力和创造力。同时，家长要给予幼儿积极的反馈和鼓励，增强他们的自信心和成就感。幼儿园和家庭还可以共同制定一些激励机制，如颁发小奖状、小奖品等，对积极参与环境创设的幼儿进行表彰，激发幼儿更多的参与热情。

（四）文化传承的强化

家园合作在环境创设中对文化传承起着强化作用。优秀传统文化的传承需要家庭和幼儿园的共同努力，通过环境创设可以为幼儿营造浓厚的文化氛围，加深他们对传统文化的理解和感受。因为家庭和幼儿园在文化传承方面都承担着重要责任，两者的合作可以使文化传承更加深入和全面。

幼儿园可以在环境创设中融入丰富的传统文化元素，如传统节日、民间艺术、古典文学等。通过布置主题墙、展示区、活动区等，让幼儿在日常的学习和生活中接触到传统文化。教师可以组织相关的教育活动，如传统故事讲述、民间艺术欣赏、传统节日庆祝等，引导幼儿了解传统文化的内涵和价值。家庭也可以在日常生活中注重传统文化的传承，如在家中进行传统礼仪教育、与幼儿一起参与传统节日活动、讲述家族的文化传统等。家长还可以带领幼儿参观博物馆、文化遗址、传统工艺作坊等，拓宽幼儿的文化视野。家园之间要保持密切的沟通和合作，共同策划和开展文化传承活动。例如，在传统节日来临之际，幼儿园和家庭可以一起组织庆祝活动，让幼儿在浓厚的节日氛围中感受传统文化的魅力。同时，教师和家长可以相互交流经验，分享文化传承的方法和途径，共同提高文化传承的效果。

第六章　优秀传统文化融入学前教育的评估与反馈

第一节　评估指标体系的构建

一、确定评估的维度与方向

（一）目标达成度的考量

目标达成度是评估的关键维度之一。在任何活动或项目中，都有预先设定的目标，而这些目标是衡量成功与否的重要标准。因为目标为活动或项目的实施提供了明确的方向和期望的结果，通过考量目标达成度，可以清晰地了解整个过程的成效。

在确定目标达成度的评估方向时，首先要明确目标的具体内容和量化指标。将宏观的目标分解为具体的、可衡量的子目标，例如，在一个生产项目中，如果总目标是提高产品产量，那么可以将其细化为每月增加的产品数量、产品质量提升的具体指标等。然后，建立数据收集和监测机制。通过定期收集相关数据，如生产数量、质量检测结果等，来跟踪目标的进展情况。在评估过程中，要对比实际结果与目标值的差距。如果实际达成的数值与目标值存在偏差，就需要深入分析原因。可能是外部环境变化导致的困难，也可能是内部执行过程中的问题。对于未达成的目标，要制定改进措施。比如，调整资源分配、优化工作流程或者加强人员培训等，以确保在后续的工作中能更好地实现目标。

（二）过程合理性的审视

过程合理性对于评估活动或项目的质量和可持续性至关重要。一个合理的过程能确保资源的有效利用、减少浪费和降低风险，并且为目标的达成提供坚实保障。因为不合理的过程可能会导致效率低下、成本增加，甚至可能使最终的结果偏离预期。

在审视过程合理性时，要从流程设计的科学性入手。分析整个活动或项目的工作流程是否符合逻辑、是否简洁高效。例如，在一个软件开发项目中，开发流程是否遵循了软件工程的标准规范，是否存在重复或冗余的环节。资源配置的合理性也是关键因素。评估人力、物力、财力等资源是否根据实际需求进行了合理的分配，是否存在资源过度集中或不足的情况。同时，要关注时间安排的合理性。检查各阶段的时间分配是否恰当，是否存在拖延或仓促的现象。为了确保过程合理，在项目实施前，应该进行充分的规划和论证，制订详细的项目计划和流程方案。在实施过程中，要进行定期的检查和调整。如果发现流程不合理、资源分配不当或时间安排不合理等问题，就要及时进行优化和改进，确保整个过程始终保持在合理的轨道上。

（三）效益产出比的分析

效益产出比是评估活动或项目经济性和价值性的重要维度。效益产出比反映了投入与产出之间的关系，对于在资源有限的情况下做出决策具有关键意义。因为如果只关注投入或只关注产出，都无法全面、准确地评估活动或项目的实际价值，只有综合考虑两者之间的比例关系，才能判断其是否具有经济效益和社会效益。

在分析效益产出比时，首先，需要明确投入和产出的具体内容。投入包括人力成本、物资成本、时间成本等，产出则包括经济效益、社会效益、环境效益等。对于经济效益，可以通过计算项目的收入、利润等指标对于衡量；对于社会效益，可以考虑对社会就业、公共服务等方面的影响；对于环境效益，则关注对生态环境的改善或破坏等。其次，建立合理的计算模型和评估方法。根据不同类型的活动或项目，选择合适的计算方法来确定效益产出比。例如，对于商业项目，可以采用成本效益分析法；对于公共项目，可以综合考虑社会成本和社会效益。在评估过程中，要动态地观察效益产出比的变化。随着项目的进展和外部环境的变化，投入和产出都可能发生变化，因此需要定期重新评估效益产出比，以便及时调整策略和措施，确保活动或项目始终具有良好的经济效益和社会效益。

（四）可持续发展性的评估

可持续发展性是评估的长远维度，对于活动或项目的长期稳定运行具有深远影响。一个具有可持续发展性的活动或项目能在长期内不断产生价值，适应环境的变化，并且不会对未来造成负面影响。因为在当今社会，可持续发展已经成为各领域的重要理念，只有考虑到活动或项目的长期影响，才能确保其真正具有生命力和竞争力。

在评估可持续发展性时，要考虑资源的可持续利用。评估活动或项目依赖的资源能否长期稳定供应，是否存在资源枯竭或短缺的风险。例如，对于一个依赖自然资源的生产项目，要评估资源的储量和开采速度，确保资源能满足长期生产的需求。技术的可持续更新也是重要方面。随着科技的不断进步，技术过时的风险日益增加，因此要评估活动或项目采用的技术是否具有更新换代的潜力，能否跟上时代的发展。同时，要关注社会和环境的可持续性。分析活动或项目对社会和环境的影响，是否符合社会伦理和环保要求，能否得到社会的认可和支持。为了提高可持续发展性，在项目规划阶段就要充分考虑长远发展的因素，选择可持续的资源和技术，制定可持续的发展策略。在项目实施过程中，要不断监测和评估可持续发展性的变化，及时调整策略和措施，以适应不断变化的环境和需求。

二、制定细化的评估指标

（一）明确评估指标的重要性

明确评估指标在整个评估体系中具有至关重要的意义。评估指标如同衡量事物的尺子，它为评估活动提供了具体的衡量标准和依据。因为如果没有清晰明确的评估指标，评估过程就会变得模糊不清、缺乏客观性，难以准确地反映被评估对象的真实状况。

评估指标的重要性首先体现在它能确保评估的准确性。只有通过精确的指标，才能对被评估对象进行量化和定性的分析，避免主观臆断和片面评价。例如，在评估一个教育项目时，若没有明确的学生成绩提升、教师教学方法改进等指标，则很难判断该项目是否取得了实际效果。评估指标还能增强评估的公正性。所有参与评估的人员都依据相同指标进行判断，减少了人为因素的干扰，使评估结果更具公信力。此外，明确的评估指标有助于提高评估效率。评估者无须在众多模糊的因素中进行筛选和判断，能直接依据指标收集数据和进行分析，大大节省了评估时间和精力。为了充分发挥评估指标的重要性，在制定指标之前，必须深入理解评估的目的和对象，确保指标与评估的核心需求紧密相关。同时，要广泛征求相关利益方的意见和建议，使指标更具代表性和全面性。

（二）选择合适的评估指标类型

评估指标类型的选择直接关系到评估的深度和广度。不同类型的指标能从不同角度反映被评估对象的特征和状况，因此需要根据具体情况进行合理的选择。因为单一类型的指标往往具有局限性，无法全面、准确地刻画被评估对象，只有多种类型指标的结合才能构建一个完整的评估体系。

定量指标是常见的一种指标类型，它以数字形式呈现，具有客观性和精确性。例如，在评估企业的经济效益时，可以采用销售额、利润增长率等定量指标。这些指标能直观地反映企业的经济实力和发展趋势。定性指标则侧重对事物的性质、特点和属性进行描述，通常难以用数字精确表述。比如，在评估员工的工作态度时，敬业精神、团队合作能力等定性指标就非常重要。在选择指标类型时，要考虑被评估对象的特点。对于一些可以精确量化的事物，如生产数量、成本等，应优先选择定量指标；而对于那些难以量化但又对评估结果有重要影响的因素，如企业文化、社会影响力等，则需要运用定性指标。同时，还应注意定量指标和定性指标的相互补充。通过定量指标提供客观的数据支持，再结合定性指标进行综合分析和判断，以获得更全面、准确的评估结果。

（三）确定评估指标的权重分配

评估指标的权重分配是确保评估结果科学合理的关键环节。权重反映了各指标在整个评估体系中的相对重要性，不同的权重分配会产生不同的评估结果。因为每个指标对评估对象的影响程度存在差异，合理的权重分配能突出关键指标的作用，使评估结果更符合实际情况。

在确定权重分配时，需要对各评估指标进行深入分析。评估其对评估目标的贡献程度、对被评估对象的影响深度，以及在同类指标中的相对重要性。例如，在评估一个城市的可持续发展水平时，经济增长、环境保护、社会稳定等指标的权重应根据它们对城市可持续发展的重要性来确定。可以采用专家咨询法、层次分析法等方法来确定权重。专家咨询法通过邀请相关领域的专家，根据他们的经验和专业知识对指标权重进行评估与确定；层次分析法则将复杂的评估问题分解为多个层次和因素，通过建立判断矩阵等方式计算权重。在确定权重后，还应进行合理性检验。通过对比不同权重分配方案下的评估结果，或者与其他类似评估的权重进行比较，确保权重分配的科学性和合理性。同时，随着评估环境和评估对象的变化，要适时对权重进行调整和优化。

（四）建立动态的评估指标调整机制

建立动态的评估指标调整机制是适应变化、保持评估有效性的必要举措。因为在实际评估过程中，外部环境和内部条件都可能发生变化，原有的评估指标可能不再适用或需要进行优化。

外部环境的变化包括政策法规的调整、市场需求的变化、技术的进步等。例如，随着新的环保政策出台，在评估企业时，环保指标的重要性可能会增加，相应的指标和权重就需要进行调整。内部条件的变化可能是被评估对象自身的发展阶段变化、战略调整等。比如，一个企业在不同的发展阶段，其重点关注的指标会有所不同，初创期可能更关注市场份额的拓展，成熟期则可能更注重盈利能力的提升。为了建立动态的评估指标调整机制，需要定期对评估指标进行审查和评估。设定固定的时间周期，如每年或每半年，对指标的适应性和有效性进行分析。同时，要建立信息收集和反馈渠道，及时了解外部环境和内部条件的变化及相关利益方的意见与建议。当发现指标需要调整时，应遵循科学合理的原则和程序。组织专家进行论证，确保调整后的指标能更好地反映评估对象的实际情况和发展需求，使评估工作始终保持与时俱进的活力。

三、指标的权重分配

（一）依据重要性进行权重分配

依据重要性进行指标的权重分配是一种常见且关键的方法。在任何评估体系中，不同的指标对于整体评估结果的影响力存在差异，那些对核心目标或关键结果起决定性作用的指标理应赋予更高权重。因为如果不根据重要性来区分，所有指标都被平等对待，就无法准确反映出各因素在整体中的真实地位和价值。

在确定重要性时，首先要深入分析评估对象的本质特征和核心目标。例如，在评估一个企业的竞争力时，盈利能力可能是至关重要的方面，那么与盈利能力相关的指标，如利润率、资产回报率等就应该被赋予较高权重。要对各指标进行逐一剖析，思考其对最终结果的直接或间接影响程度。比如，对于一个教育项目的评估，学生的学业成绩提升可能是一个关键指标，它直接反映了教育效果，因此在权重分配上应给予较大的比重。同时，还需要考虑到不同指标之间的相互关系。有些指标可能是其他指标的基础或前提，这样的指标也应具有较高重要性。为了确保依据重要性进行合理的权重分配，需要组织相关领域的专家进行深入研讨和论证。专家凭借其专业知识和丰富经验，能更准确地判断各指标的重要性程度。还可以采用问卷调查等方式，收集广泛的意见和建议，使权重分配更加客观、全面。

（二）基于影响力大小确定权重

指标的影响力大小也是决定权重分配的重要因素。影响力大的指标能对评估对象整体状况产生更深远和显著的影响，因此应该在权重分配上得到更多体现。因为如果忽略了影响力的差异，就可能导致评估结果无法真实反映评估对象在关键方面的实际表现。

评估指标的影响力需要从多个角度进行考量。一方面，要考虑指标对评估对象当前状态的影响。例如，在评估一个城市的交通状况时，道路拥堵程度这一指标直接关系到市民的出行效率和城市的运行效率，其影响力较大，因此应给予较高权重。另一方面，要分析指标对评估对象未来发展的潜在影响。比如，在评估一家科技企业时，研发投入占比这一指标不仅反映了当前的研发力度，还会对企业未来的技术创新能力和市场竞争力产生深远影响，其影响力不可忽视，在权重分配时应充分考虑。在确定基于影响力大小的权重时，可以运用数据分析和模型构建的方法。通过收集大量的数据，分析各指标与评估对象整体表现之间的相关性和因果关系，以此来判断影响力的大小；还可以建立数学模型，如层次分析法等，将不同指标的影响力进行量化和比较，从而更科学地确定权重。同时，要定期对影响力进行重新评估和调整。随着时间的推移和环境的变化，指标的影响力可能会发生改变，因此需要持续关注和更新权重分配。

（三）考虑相互关联性调整权重

指标之间的相互关联性在权重分配中起着不可忽视的作用。有些指标之间存在着紧密的关联，甚至可能相互影响或互为因果，这种相互关联性会影响到权重的合理分配。因为如果不考虑相互关联性，就可能导致重复计算或遗漏某些重要因素，使评估结果出现偏差。

在分析相互关联性时，要对所有指标进行全面的梳理和分类。找出那些具有直接或间接关联的指标组，例如，在评估一个生态系统的健康状况时，物种丰富度和生态稳定性这两个指标之间就存在着密切的关联。对于相互关联的指标，要评估它们之间的关联程度和方向，是正相关、负相关还是其他复杂的关系，关联程度的强弱如何。比如，在经济领域，通货膨胀率和失业率之间可能存在一定的负相关关系，这种关系在权重分配时需要加以考虑。根据相互关联性来调整权重时，可以采用合并指标或拆分指标的方法。如果两个指标高度相关，就可以考虑将它们合并为一个综合指标，重新确定权重；如果指标之间的关联性较为复杂，就可以将其拆分为更细的子指标，分别确定权重。此外，还可以运用相关性分析工具和统计方法，对指标之间的相互关联性进行量化分析，为权重调整提供更精确的依据。

（四）结合实际情况动态优化权重

实际情况是不断变化的，因此权重分配也不能一成不变，需要结合实际情况进行动态优化。因为随着时间的推移、环境的变化、评估对象自身的发展等，各指标的重要性、影响力及相互关联性都可能发生改变，权重也应随之调整。

在动态优化权重时，要建立有效的监测机制。持续关注评估对象所处的内外部环境变化，以及指标数据的波动情况。例如，对于一个企业的绩效评估，当市场竞争格局发生重大变化时，市场份额、客户满意度等指标的权重可能需要相应调整。定期对权重进行重新评估和调整，可以设定固定的时间周期，如每季度、每年等，组织专家和相关人员对权重进行审查与优化。同时，要充分收集各方面的反馈信息，包括评估对象的反馈、利益相关者的意见等，这些信息能为权重的优化提供重要的参考依据。在优化过程中，要保持谨慎和科学的态度。不能随意频繁地调整权重，以免造成评估结果的不稳定和不可靠。每次调整都应该有充分的理由和依据，并且经过严格的论证和测试，确保优化后的权重能更准确地反映评估对象的实际情况和发展趋势。

四、评估指标的动态调整

（一）适应外部环境变化

外部环境的变化是推动评估指标进行动态调整的关键因素之一。世界处于不断的变化和发展之中，政治、经济、社会、技术等各种外部因素的变化都可能对评估对象产生深远影响，因此评估指标必须随之调整以保持适应性。因为如果评估指标不能及时反映外部环境的变化，就可能导致评估结果与实际情况脱节，无法为决策和改进提供准确依据。

在政治方面，政策法规的调整可能直接影响评估对象的运营和发展。例如，新的环保政策出台，对高污染行业的企业来说，环保相关的评估指标就需要更加严格和细化，如增加污染物排放达标率、节能减排量等指标的权重；在经济方面，经济形势的波动也会带来影响，如经济衰退时期，企业的盈利能力和抗风险能力指标可能需要得到更多关注，可能会调整利润率、资产负债率等指标的衡量标准；在社会方面，社会文化的变迁同样不容忽视，对于面向消费者的企业，消费者需求和价值观的变化可能导致市场份额、客户满意度等指标的内涵与重要性发生改变；在技术方面，新技术的出现和应用可能改变整个行业的竞争格局，如互联网技术对传统零售行业的冲击，使线上销售占比、数字化转型程度等指标变得至关重要。为了适应这些外部环境的变化，需要建立起灵敏的信息收集和分析机制，持续关注政策动态、经济数据、社会趋势和技术创新等方面的信息。定期组织专家和相关人员进行评估指标的审查与调整，确保指标能紧跟外部环境的变化步伐。

（二）契合内部发展需求

随着评估对象自身的发展和成长，其内部情况也在不断发生变化，评估指标的动态调整必须契合这些内部发展需求。因为评估指标的目的是准确反映评估对象的实际状况和发展趋势，如果不能与内部发展同步，就无法有效地指导和促进内部的改进与提升。

企业在不同的发展阶段具有不同特点和需求。在初创期，企业可能更注重市场开拓和产品研发，此时新客户增长率、产品创新能力等指标可能更关键；在进入成长期后，企业规模逐渐扩大，运营效率和成本控制变得重要，生产效率、成本费用率等指标的权重可能需要相应调整；到了成熟期，企业需要保持竞争力和持续发展，品牌影响力、客户忠诚度等指标的地位就会上升。对一个组织来说，内部结构和业务流程的调整也会影响评估指标。例如，在进行部门重组或业务流程再造后，跨部门协作效率、流程优化程度等指标可能需要纳入或调整。内部人员素质和能力的提升也会带来变化，如员工培训效果、员工专业技能提升率等指标可能需要根据员工发展的实际情况进行优化。为了契合内部发展需求，评估者需要深入了解评估对象的内部运营和发展规划，与内部各部门保持密切沟通，及时掌握内部变化的信息。同时，根据内部发展的阶段性目标和重点任务，有针对性地调整评估指标的设置和权重分配，确保评估指标能准确反映内部发展的实际情况和需求。

（三）反映评估目标的演变

评估目标并非一成不变，随着时间的推移和各种因素的影响，评估目标会发生演变，评估指标也必须相应地进行动态调整以准确反映这种演变。因为评估指标是为实现评估目标服务的，如果评估目标发生了改变，而评估指标却没有及时调整，就会导致评估工作失去方向和意义。

在某些情况下，评估目标的演变是外部需求的变化引起的。例如，一个教育机构最初的评估目标可能是提高学生的考试成绩，但随着社会对综合素质的重视，评估目标可能转变为培养学生的创新能力和实践能力，此时学生的科研成果、社会实践参与度等指标就需要纳入评估体系。从内部角度来看，评估对象自身的战略调整也会引起评估目标的演变。比如，一个企业调整了发展战略，从追求规模扩张转向追求质量提升，那么产品质量、服务品质等相关指标的重要性就会显著增加。此外，评估者对评估对象认识的深化也可能促使评估目标发生变化。随着评估工作的持续进行，评估者可能会发现一些新的关键因素或问题，从而调整评估目标。为了反映评估目标的演变，需要定期对评估目标进行重新审视和明确。根据新的评估目标，全面梳理和分析现有的评估指标，找出不适应或不相关的指标进行调整或删除，同时，补充新的符合评估目标的指标。在调整过程中，要确保评估指标体系的完整性和逻辑性，使其能紧密围绕新的评估目标展开。

（四）基于评估数据的反馈

评估数据的反馈是进行评估指标动态调整的重要依据。评估数据是评估指标在实际应用中的具体体现，通过对评估数据的分析和解读，可以发现评估指标存在的问题和不足，进而进行有针对性的调整。因为如果不根据评估数据进行调整，评估指标就可能会逐渐偏离实际情况，失去其应有的准确性和有效性。

评估数据可能会揭示出某些指标的不合理性。例如，某些指标的数据长期波动较大，难以准确衡量评估对象的实际情况，或者某些指标的数据收集难度过大，成本过高，这就需要考虑对这些指标进行调整或替换。数据还可能显示出某些指标之间存在重叠或矛盾。比如，两个指标反映的内容高度相似，或者一个指标的变化与另一个指标的变化趋势相悖，这就需要对指标进行合并或重新定义。此外，评估数据的趋势变化也可能引发指标的调整。如果某一指标的数据呈现出持续上升或下降的趋势，就可能意味着该指标的权重需要进行相应调整，或者需要进一步分析其背后的原因，对相关指标进行整体优化。为了基于评估数据进行有效的调整，需要建立科学的数据收集和分析体系。确保评估数据的准确性、完整性和及时性，运用数据分析工具和方法对数据进行深入挖掘与分析。当发现问题时，组织专家和相关人员进行研讨，共同确定调整方案。在调整后，要持续跟踪新的评估数据，检验调整的效果，形成一个基于数据反馈的持续优化循环。

第二节　对幼儿发展的评估方法与工具

一、观察法在幼儿评估中的运用

（一）观察法的独特价值

观察法在幼儿评估中具有独特价值。幼儿的认知和表达能力有限，往往难以通过语言准确地描述自己的内心世界和能力水平，而观察法可以直接观察幼儿在自然情景中的行为表现。因为观察能捕捉到幼儿最真实、最自然的状态，避免了幼儿因语言理解或表达困难而导致的信息偏差。

观察法可以深入了解幼儿的多个方面。在认知发展方面，通过观察幼儿在游戏、学习活动中的思考方式、问题解决能力和对新知识的接受程度，评估其认知水平的发展；在社会交往方面，观察幼儿与同伴、教师的互动方式，如合作行为、冲突解决能力、沟通技巧等，能判断其社会交往能力的强弱；在情感表达方面，观察幼儿的面部表情、肢体语言及对不同情境的情绪反应，有助于了解他们的情感状态和情绪管理能力；在动作技能方面，观察幼儿大动作（如跑、跳、爬）和精细动作（如绘画、手工操作）的发展水平，为评估幼儿的身体协调和动作控制能力提供依据。为了充分发挥观察法的价值，观察者需要保持客观、中立的态度，避免主观偏见对观察结果的影响。同时，要选择合适的观察时机和场景，确保观察到幼儿全面、真实的表现。

（二）观察前的准备工作

在运用观察法进行幼儿评估之前，充分的准备工作至关重要。观察前的准备能确保观察的系统性、准确性和有效性，因为如果准备不充分，就可能导致观察过程混乱、遗漏关键信息或得出错误结论。

首先，要明确观察的目的和焦点。确定是评估幼儿的某一特定领域（如语言发展、社交能力），还是综合评估幼儿的整体发展状况。根据观察目的，制订详细的观察计划，包括观察的时间、地点、对象，以及具体的观察内容和指标。其次，要选择合适的观察工具和方法。可以使用观察记录表、摄像机等工具辅助观察。观察记录表应根据观察目的和内容进行设计，包括观察项目、行为表现描述、评估等级等栏目；对于摄像机的使用，要注意选择合适的拍摄角度和位置，以确保能完整记录幼儿的行为。最后，观察者还需要进行自身的准备，包括了解幼儿的基本信息、熟悉观察环境和活动安排等。同时，要与幼儿建立良好的关系，让幼儿在观察过程中感到舒适和自然，减少观察者的存在对幼儿行为产生的影响。

（三）观察过程的要点把握

在观察过程中，准确把握要点是获取可靠观察结果的关键。观察过程中的细节和准确性直接决定了评估质量，因为任何一个细微的行为或变化都可能蕴含着重要信息。

首先，要保持专注和耐心。幼儿的行为往往是多样且变化迅速的，观察者需要集中注意力，不错过任何一个重要的行为表现。同时，要有足够的耐心，持续观察一段时间，以了解幼儿行为的模式和规律。其次，要注意观察的全面性。不仅要关注幼儿的外显行为，如语言表达、动作表现，还要留意幼儿的内在情绪、思维过程等不易察觉的方面。例如，观察幼儿在游戏中的面部表情、眼神变化等，推测其内心的想法和感受。最后，记录要客观、准确。在观察过程中，及时、详细地记录幼儿的行为表现，避免主观猜测和推断。描述行为时应使用客观的语言，尽可能还原幼儿的真实行为和情境。此外，要灵活应对突发情况。有时观察过程中会出现一些意外情况或干扰因素，观察者需要保持冷静，灵活调整观察策略，确保观察的顺利进行。例如，如果幼儿突然哭闹或被其他事物吸引注意力，观察者就可以暂停记录，等待幼儿恢复正常状态后再继续观察。

（四）观察结果的分析与应用

观察结果的分析与应用是观察法在幼儿评估中的重要环节。对观察结果的深入分析和合理应用能为幼儿的教育与发展提供有针对性的建议及支持，因为只有通过科学的分析和恰当的应用，观察结果才能真正转化为促进幼儿成长的有效措施。

在分析观察结果时，要将零散的观察记录进行整理和归纳。根据观察目的和指标，对幼儿的行为表现进行分类和总结，找出其中的规律和特点。例如，将幼儿在不同活动中的语言表达行为进行汇总，分析其语言发展的优势和不足。运用专业的理论和知识对观察结果进行解读。结合幼儿发展的相关理论，如皮亚杰的认知发展理论、埃里克森的社会心理发展理论等，解释幼儿行为背后的原因和意义。在应用观察结果时，要将其与幼儿教育实践相结合。根据评估结果，为教师制订个性化的教育计划和教学策略提供依据。例如，如果观察发现某个幼儿在社交方面存在困难，教师就可以设计一些专门的社交活动来帮助幼儿提高社交能力。同时，观察结果也可以为家长提供反馈，让家长了解幼儿在园的表现和发展状况，促进家园合作。此外，观察结果还可以用于幼儿园的整体教育规划和课程设计，使教育活动更加符合幼儿的实际需求和发展水平。

二、作品分析法的实施

（一）作品分析法的重要意义

作品分析法在幼儿评估中具有极其重要的意义。幼儿的作品是他们内心世界和能力水平的一种独特表达，因为幼儿可能无法用成熟的语言准确地阐述自己的想法和感受，但他们的作品往往蕴含着丰富信息。

通过分析幼儿的作品，可以深入了解他们的认知发展水平。比如，幼儿绘画作品中呈现的形象、色彩运用、空间布局等，能反映出他们对事物的观察、理解和想象能力。在手工作品中，幼儿对材料的选择、使用方法及作品的精细程度，可以体现他们的动手能力、创造力和问题解决能力。作品还能揭示幼儿的情感和态度。从绘画作品的色调、线条的力度和流畅性等方面，可以推测幼儿当时的情绪状态及他们对特定事物或情境的情感倾向。同时，作品分析法有助于发现幼儿的潜在优势和特长。有些幼儿可能在语言表达方面不太突出，但在绘画、音乐创作等方面表现出较高的天赋和兴趣，通过作品分析可以及时发现并加以培养。为了充分发挥作品分析法的意义，评估者需要以开放和包容的心态去解读作品，避免片面和单一的评价标准，尊重幼儿作品中展现的独特性和多样性。

（二）作品收集的全面性

确保作品收集的全面性是作品分析法有效实施的基础。只有收集到丰富多样的作品，才能对幼儿进行全面、客观的评估，因为不同类型的作品能反映幼儿不同方面的能力和特点。

首先，要涵盖多种类型的作品，包括绘画作品、手工作品、书写作品、音乐创作作品等。绘画作品可以有自由绘画、主题绘画等不同形式；手工作品可以包括纸艺、泥塑、拼贴等。每种类型的作品都能从特定角度展现幼儿的能力。其次，要收集不同时期的作品。随着时间的推移，幼儿的能力和表现会发生变化，对比不同阶段的作品，可以清晰地看到他们的成长轨迹和发展趋势。例如，观察幼儿绘画作品从最初的简单涂鸦到逐渐出现具体形象和细节的过程，就能了解他们在绘画技能和认知能力上的进步。最后，还要注意收集不同情境下的作品，比如，在课堂活动中完成的作品、自主游戏时创作的作品，以及家庭作业等。不同情境下幼儿的表现和创作动机可能有所不同，综合分析这些作品，能更全面地了解幼儿。为了做到作品收集的全面性，教师和家长可以建立作品收集档案，将幼儿的作品按照类型、时间、情境等进行分类整理，确保不遗漏任何有价值的作品。

（三）作品分析的科学性

作品分析的科学性是保证评估结果准确可靠的关键。只有运用科学的方法和标准进行分析，才能从作品中提取出有价值的信息，因为随意和主观的分析可能导致错误的结论与误导。

在进行作品分析时,首先,要建立明确的分析指标。针对不同类型的作品,确定相应的分析维度和具体指标。例如,对于绘画作品,可以从构图、色彩、内容表达、创造力等方面进行分析;对于手工作品,可以从材料运用、工艺技巧、作品完整性等方面进行考量。其次,要运用专业的理论和知识作为支撑。借鉴儿童发展心理学、艺术教育等领域的理论,对幼儿作品中的表现进行合理解释和评估。同时,要采用多种分析方法相结合。可以采用定性分析和定量分析相结合的方式。定性分析注重对作品传达的意义、情感、风格等方面的解读;定量分析则可以通过统计作品中某些元素的出现频率、比例等数据,为分析提供更客观的依据。此外,还可以组织多个评估者共同进行分析,通过交流和讨论,减少个体主观因素的影响,提高分析的准确性和可靠性。

(四)分析结果的应用与反馈

将分析结果进行合理的应用与反馈是作品分析法的最终目的。分析结果只有转化为实际的教育行动和支持,才能真正促进幼儿的发展,因为如果分析结果仅仅停留在纸上而没有实际应用,作品分析就失去了意义。

在应用分析结果方面,教师可以根据幼儿在作品中表现出的优势和不足,制订个性化的教育计划和教学策略。例如,如果发现幼儿在绘画构图方面存在困难,就可以设计专门的绘画活动来进行有针对性的指导和训练。家长也可以根据分析结果,在家中为幼儿提供相应的学习和发展机会。比如,对于在音乐创作方面有兴趣的幼儿,家长可以提供更多接触音乐、参与音乐活动的机会。在反馈方面,要将分析结果及时反馈给幼儿本人。以积极、鼓励的方式与幼儿交流作品中的优点和进步,增强他们的自信心和学习动力。同时,也要以恰当的方式指出需要改进的地方,引导幼儿自我反思和提高。对于家长和其他教育相关人员,也要通过家长会、个别沟通等方式进行反馈,促进家园合作和教育协同,共同为幼儿的成长创造良好环境。

三、访谈与问卷调查

（一）访谈的价值与目的

访谈在幼儿评估中具有显著的价值和特定的目的。访谈可以获取幼儿内心深处的想法、感受和经验，因为幼儿可能无法通过书面方式完整、准确地表达自己，而面对面的交流能让他们更自如地分享。

访谈的价值首先体现在能建立良好的沟通关系。通过与幼儿进行亲切友好的访谈，能让他们感受到被尊重和关注，从而更愿意敞开心扉。这有助于深入了解幼儿的兴趣爱好、学习动机及对周围事物的认知。例如，通过询问幼儿喜欢的游戏或活动，可以发现他们的兴趣点，为后续的教育活动设计提供依据。一个目的是了解幼儿的情感状态。关注幼儿在园生活中的喜怒哀乐，比如，询问他们在与同伴相处时的感受，是否有开心或不开心的事情，能及时发现幼儿可能存在的情绪问题，以便给予相应的支持和引导。另一个目的是评估幼儿的语言表达能力和沟通能力。观察幼儿在访谈中的语言组织、词汇运用、逻辑思维等方面表现，判断他们的语言发展水平。为了实现这些目的和发挥价值，访谈者需要营造轻松愉快的氛围，选择合适的访谈时间和地点，避免幼儿感到紧张或拘束。使用简单易懂、亲切温和的语言与幼儿交流，鼓励他们积极表达自己的想法和感受。

（二）访谈的准备工作

充分的访谈准备工作是确保访谈顺利进行和获取有效信息的基础。只有精心准备，才能使访谈过程有条不紊、有的放矢，因为如果准备不足，就可能导致访谈偏离主题、遗漏关键信息或无法深入。

首先，要明确访谈的主题和问题。根据评估的目的和重点，确定访谈的核心内容和具体问题。例如，如果是评估幼儿的社会交往能力，问题就可以围绕幼儿与同伴的互动、合作、冲突解决等方面展开。问题的设计要具有针对性、开放性和启发性，避免过于封闭或引导性过强。其次，要选择合适的访谈对象。除了幼儿本身外，还可以包括幼儿的教师、家长等相关人员。他们从不同角度对幼儿有不同的了解，能提供更全面的信息。再次，要对访谈环境进行精心布置。选择安静、舒适、无干扰的空间，让幼儿能放松心情、集中注意力。最后，访谈者自身也需要做好准备。熟悉访谈的流程和问题，掌握一定的访谈技巧，如倾听技巧、追问技巧、回应技巧等。还要对可能出现的情况进行预估和准备相应的应对策略，以确保访谈能顺利进行。

（三）问卷调查的设计要点

问卷调查的设计对于获取准确、全面的信息至关重要。合理的问卷设计能提高调查的效率和质量，因为如果问卷设计不合理，就可能导致被调查者理解困难、回答不准确或不愿参与。

在设计问卷调查时，首先，问题的表述要清晰明确。使用简洁明了的语言，避免使用过于专业或生僻的词汇，让被调查者能轻松理解问题的含义。其次，问题的类型要多样化，可以包括单选题、多选题、简答题等，以满足不同信息的收集需求。例如，对于幼儿的基本信息可以采用单选题，对于家长对教育的看法可以采用简答题。最后，问卷的结构要合理。按照一定的逻辑顺序排列问题，从易到难、从一般到具体，避免问题之间的跳跃性过大。同时，要注意问卷的长度。不宜过长，以免被调查者产生厌烦情绪，影响回答的质量和积极性。此外，还需设置必要的说明和指导语。在问卷开头对调查的目的、意义、填写方法等进行说明，让被调查者清楚了解调查的背景和要求，提高问卷的填写质量。

（四）结果的分析与运用

对访谈和问卷调查结果的分析与运用是评估的关键环节。只有通过科学的分析和合理的运用，才能将收集到的信息转化为有价值的评估结论和教育建议，因为如果结果分析不当或运用不合理，前期的努力就会白费。

在分析结果时，要对访谈记录和问卷数据进行整理与归类。提取关键信息，找出其中的规律和趋势。对于定性的访谈信息，可以采用内容分析法，对访谈内容进行编码和分类；对于定量的问卷数据，可以运用统计分析方法，计算相关指标和比例。在运用结果时，要结合幼儿的实际情况和发展需求。将结果反馈给教师、家长和其他教育相关人员，共同探讨针对幼儿的个性化教育方案和支持策略。例如，如果调查发现多数幼儿对某一主题活动感兴趣，教师就可以考虑在教学计划中增加相关内容。同时，要持续跟踪和评估结果运用的效果。根据幼儿的后续表现和发展情况，及时调整教育策略和方法，确保评估的有效性和教育的适应性。

四、成长档案的建立与运用

（一）成长档案的重要意义

成长档案在幼儿评估中具有至关重要的意义。它是幼儿成长历程的真实记录，因为成长档案能全面、系统地呈现幼儿在一段时间内各方面的发展变化。

成长档案为教师、家长和幼儿自身提供了一个深入了解幼儿发展的窗口。对教师来说，通过查看成长档案，可以清晰地把握每个幼儿的学习特点、兴趣爱好和优劣势，从而能更有针对性地制订教学计划和教育策略。例如，教师发现某个幼儿在语言表达方面进步迅速，就可以适时给予更多的语言表达机会和挑战，进一步促进其发展。对家长来说，成长档案能够让他们直观地看到孩子在幼儿园的成长点滴，增强对幼儿园教育的信任和支持，同时，也有助于家长在家庭中更好地配合幼儿园开展教育活动。对幼儿自身来说，成长档案可以帮助他们建立自我认知，看到自己的成长和进步，增强自信心和成就感。成长档案还具有连续性和动态性，能随着时间的推移不断丰富和完善，持续记录幼儿的成长轨迹，为长期的教育规划和评估提供可靠依据。为了充分发挥成长档案的意义，需要让所有参与幼儿教育的相关人员都认识到其重要性，积极参与成长档案的建立和运用。

（二）成长档案的内容构成

成长档案的内容构成应丰富多样且具有代表性。只有包含全面、多元的内容，才能真实、准确地反映幼儿的发展状况，因为不同类型的内容从不同角度展现了幼儿的能力和特点。

首先，应包括幼儿的基本信息，如姓名、年龄、家庭背景等，这些信息为了解幼儿的成长环境提供了基础。其次，幼儿的作品是重要的组成部分，如绘画、手工、书写等作品，它们直观地反映了幼儿的创造力、想象力和动手能力。再次，观察记录也是关键内容，教师对幼儿在日常活动中的行为表现、学习状态、社交互动等方面的观察记录，能深入揭示幼儿的发展水平和潜在问题。还应包含幼儿的学习成果和进步记录，比如，在某个领域取得的成绩、掌握的新技能等。最后，家长和幼儿自身的反馈也不可或缺，家长对幼儿在家表现的描述，以及幼儿对自己活动和感受的表达，丰富了成长档案的视角。为了确保成长档案内容的完整性和准确性，教师需要在日常工作中细心观察、及时记录，鼓励幼儿积极参与作品创作和自我表达，同时，与家长保持密切沟通，收集全面的信息。

（三）成长档案的建立过程

成长档案的建立是一个严谨而细致的过程。合理有序的建立过程能保证档案的质量和有效性，因为如果建立过程混乱或随意，就可能导致档案信息缺失、错误或难以整理。

首先，要确定档案的组织形式和分类方法。可以按照时间顺序、领域分类或活动类型等方式对档案内容进行整理，使档案结构清晰、易于查找。其次，进行材料的收集和筛选。从幼儿的日常活动、学习成果、教师观察、家长反馈等多个渠道收集相关材料，同时，要对材料进行筛选，去除无关或重复的信息，保留具有代表性和价值的内容。再次，对材料进行整理和归档。将筛选后的材料按照既定的组织形式和分类方法进行整理，确保档案的逻辑性和连贯性。在整理过程中，可以使用文字说明、图片标注、图表分析等方式对材料进行解释和补充。最后，要对成长档案进行定期的回顾和更新。随着幼儿的成长和发展，新的信息和材料不断产生，需要及时添加到档案中，同时，对已有的档案内容进行回顾和反思，确保档案始终能反映幼儿的最新发展状况。为了保证建立过程的顺利进行，需要制定明确的建立流程和标准，培训教师和相关人员要掌握建立成长档案的方法与技巧。

（四）成长档案的运用策略

成长档案的运用是其发挥作用的关键环节。恰当有效的运用策略能将成长档案的价值最大化，因为如果只是建立了成长档案而不加以运用，那么它就只是一堆静态的资料。

教师可以利用成长档案进行教学反思和调整。通过分析幼儿在档案中体现的发展水平和需求，反思自己的教学方法和活动设计是否合适，进而及时调整教学策略，满足幼儿的个性化需求。家长可以通过成长档案了解幼儿在园的表现和发展，与教师共同探讨教育方法和策略，实现家园共育。成长档案还可以作为幼儿自我评价的工具，教师引导幼儿回顾自己的成长档案，让他们看到自己的进步和变化，培养幼儿的自我认知和自我反思能力。此外，成长档案可以在幼儿转园、升学等情况下，为新的教育机构提供全面、详细的幼儿发展信息，帮助新的教师快速了解幼儿。为了确保成长档案的有效运用，需要对教师、家长和幼儿进行相关的培训与指导，让他们了解成长档案的用途和使用方法，同时，建立相应的沟通和反馈机制，及时解决运用过程中出现的问题。

第三节　对学前教学效果的评估与分析

一、课堂教学效果的即时评估

（一）幼儿参与度观察

在学前教育课堂教学效果的即时评估中，幼儿参与度观察是极为重要的一个方面。因为幼儿参与度直接反映了他们对教学活动的投入程度和兴趣水平。如果幼儿积极参与课堂活动，主动回答问题、参与讨论、进行操作等，就说明他们对教学内容有较高的兴趣和关注度。例如，在语言活动中，观察幼儿是否积极举手发言、是否认真倾听他人发言；在艺术活动中，观察幼儿是否主动拿起工具进行创作。为了准确评估幼儿参与度，教师需要在课堂上保持敏锐的观察力，留意每个幼儿的表现。可以通过眼神交流、肢体语言等方式鼓励幼儿参与，对于参与度较低的幼儿，可以采取个别引导、调整活动难度等方法来提高他们的参与度。

（二）知识理解反馈

知识理解反馈对于即时评估学前教育课堂教学效果至关重要。学前教育阶段的幼儿认知能力有限，他们对知识的理解程度是衡量教学是否有效的关键指标。教师可以通过提问、小组讨论、作品展示等方式获取幼儿知识理解的反馈。例如，在数学活动后，通过提问幼儿简单的数学问题，观察他们的回答情况判断他们对数学概念的理解程度；在科学活动中，组织幼儿进行小组讨论，倾听他们的观点和想法，了解他们对科学现象的认识。如果发现幼儿对某些知识存在理解困难，教师就可以采用更直观、形象的教学方法，如利用实物、图片、视频等辅助教学，或者通过游戏、故事等方式帮助幼儿加深理解。

（三）情感态度表现

情感态度表现也是学前教育课堂教学效果即时评估的重要依据。幼儿在课堂上的情感态度会直接影响他们的学习效果和身心健康。积极的情感态度如快乐、自信、专注等，有助于幼儿更好地参与学习；消极的情感态度如焦虑、厌烦、分心等，则可能阻碍学习。教师可以通过观察幼儿的面部表情、行为举止等评估他们的情感态度。例如，观察幼儿在课堂上是否面带笑容、是否充满活力、是否与同伴友好互动等。为了培养幼儿积极的情感态度，教师应营造温馨、和谐、有趣的课堂氛围，给予幼儿充分的鼓励和支持，尊重他们的个性和想法，让幼儿在轻松愉快的氛围中学习。

（四）课堂秩序维持

课堂秩序维持对于学前教育课堂教学效果的即时评估具有重要意义。良好的课堂秩序是教学活动顺利进行的保障，也反映了教师的课堂管理能力和幼儿的自律能力。如果课堂秩序混乱，教学活动就难以正常开展，教学效果也会受到影响。教师可以观察幼儿是否遵守课堂规则、是否听从教师指令、能否安静地进行活动等。为了维持良好的课堂秩序，教师需要在开学初期就建立明确的课堂规则，并通过反复强化让幼儿养成遵守规则的习惯。同时，教师要运用恰当的课堂管理策略，如表扬鼓励、个别提醒、小组竞赛等，引导幼儿自觉遵守课堂秩序，确保教学活动的高效进行。

二、阶段性教学效果的总结评估

（一）知识技能掌握程度评估

在学前教育的阶段性教学效果总结评估中，知识技能掌握程度评估是一个关键方面。因为这直接反映了幼儿在特定阶段对所学知识和技能的获取情况。例如，在语言领域，评估幼儿是否能清晰表达自己的想法、理解简单的故事和儿歌；在数学领域，考查幼儿是否掌握了基本的数概念、形状认知等。原因在于只有明确幼儿对知识技能的掌握程度，才能确定教学是否达到了预期目标。解决方法是制定详细的评估指标体系，如通过观察幼儿在课堂上的表现、提问回答情况、作业完成质量等方面进行综合评估。教师可以设计一些简单的测试或活动来检验幼儿的知识技能水平，如语言表达小竞赛、数学小游戏等，同时，记录下幼儿的表现和成果，以便进行准确的评估和分析。

（二）情感态度发展评估

情感态度发展评估在学前教育的阶段性教学效果总结评估中同样至关重要。因为幼儿的情感态度对其学习和成长有着深远影响。关注幼儿是否对学习充满兴趣、是否具有积极的参与态度、是否能与同伴友好相处等。例如，观察幼儿在课堂活动中是否主动参与、遇到困难时是否有坚持的毅力、与他人交流时是否表现出友善和尊重。这是因为积极的情感态度能促进幼儿更好地投入学习和社交活动。教师可以通过日常观察、与幼儿交流互动等方式评估情感态度的发展。比如，在游戏活动中观察幼儿的合作行为和情绪变化，在日常交流中倾听幼儿的想法和感受。同时，教师可以通过鼓励、表扬等方式引导幼儿培养积极的情感态度，根据评估结果调整教学策略，营造更有利于幼儿情感发展的教学氛围。

（三）学习习惯养成评估

学习习惯养成评估对于学前教育的阶段性教学效果总结评估不可或缺。良好的学习习惯是幼儿未来学习的重要基础。评估幼儿是否具备专注倾听、认真观察、主动思考、按时完成任务等习惯。例如，观察幼儿在课堂上是否能集中注意力听讲、是否会主动探索问题、是否能遵守课堂纪律等。因为这些习惯的养成将直接影响幼儿后续的学习效果和学习能力的提升。教师可以通过制定明确的课堂规则和日常行为规范，引导幼儿养成良好的学习习惯。在评估时，记录幼儿在不同情境下的行为表现，对于表现良好的幼儿给予及时肯定和鼓励，对于存在不良习惯的幼儿进行个别指导和纠正，通过持续的强化和引导，促进幼儿学习习惯的养成。

（四）综合能力提升评估

综合能力提升评估是全面衡量学前教育阶段性教学效果的重要方面。综合能力包括幼儿的思维能力、创造力、问题解决能力等。例如，观察幼儿在解决实际问题时的思维方式、在艺术创作活动中展现的创造力等。原因在于这些综合能力的发展体现了幼儿整体素质的提升。教师可以通过组织各种综合性活动评估幼儿的综合能力，如小组合作项目、创意手工活动等。在活动中观察幼儿的表现，分析其在思考、合作、创新等方面的能力水平。根据评估结果，教师可以调整教学内容和教学方法，为幼儿提供更多锻炼综合能力的机会和平台，例如，开展主题探究活动、鼓励幼儿自主提出问题和解决问题，以促进幼儿综合能力的不断提升。

三、教师教学反思与自我评估

（一）教学目标达成度的审视

教学目标达成度是教师教学反思与自我评估的核心要点之一。教学目标为教学活动指明了方向，其达成情况直接反映了教学的有效性，因为如果教学目标未能实现或部分实现，就意味着教学活动存在一定的偏差或不足。

在审视教学目标达成度时，首先，要明确教学目标的具体内容和层次。教学目标通常包括知识与技能、过程与方法、情感态度与价值观等多个维度。例如，在一节数学课中，知识与技能目标可能是掌握特定的数学公式和计算方法，过程与方法目标可能是培养学生的逻辑思维和问题解决能力，情感态度与价值观目标可能是激发学生对数学的兴趣和学习热情。其次，对照实际教学效果，分析学生在各目标维度上的表现。可以通过课堂提问、作业批改、测验考试等方式收集学生的学习成果数据，判断学生是否达到了预定的学习目标。如果发现教学目标达成度不理想，就可能是教学目标设置过高或过低，或者是教学方法、教学资源等方面存在问题。解决方法包括重新审视教学目标，根据学生的实际水平和能力进行合理调整；改进教学方法，如采用更直观、形象的教学手段帮助学生理解知识；优化教学资源配置，确保资源能有效地支持教学目标的实现。

（二）教学方法有效性的反思

教学方法的有效性对教学质量有着至关重要的影响。合适的教学方法能激发学生的学习兴趣，提高学习效率，促进学生的全面发展，因为不同的教学方法适用于不同的教学内容和学生群体。

在反思教学方法的有效性时，要考虑各种教学方法的特点和适用范围。例如，讲授法适用于传递系统性的知识，但可能缺乏互动性；讨论法能激发学生的思维，培养合作能力，但需要一定的组织和引导；实验法、案例分析法等则更侧重实践能力和问题解决能力的培养。评估在实际教学中采用的教学方法是否与教学内容相匹配。对于理论性较强的知识，可能需要以讲授法为主，结合案例分析加深理解；对于实践性较强的内容，则应以实验法、项目式学习等方法为主。同时，观察学生在教学过程中的反应和参与度。如果学生表现出积极主动、兴趣浓厚，就说明教学方法比较有效；如果学生出现注意力不集中、参与度低等情况，就需要反思教学方法是否合适。为了提高教学方法的有效性，可以尝试多种教学方法的组合运用。根据教学内容和学生的特点，灵活选择不同的教学方法，以满足不同的教学需求。还可以通过参加教学培训、观摩优秀教师的课堂教学、与同事交流分享等方式，不断学习和借鉴新的教学方法与经验，丰富自己的教学手段。

（三）课堂管理与氛围营造的评估

良好的课堂管理和积极的课堂氛围是教学活动顺利进行的重要保障。有效的课堂管理能维持教学秩序，提高教学效率，而积极的课堂氛围则能激发学生的学习动力和创造力，因为混乱无序的课堂会干扰教学活动，压抑的氛围会降低学生学习兴趣。

在评估课堂管理时，要思考课堂规则的制定和执行情况。明确的课堂规则能规范学生的行为，确保教学活动的正常开展。例如，是否规定了学生的考勤制度、课堂纪律要求等，以及这些规则是否得到了严格执行。观察课堂秩序的维护情况，包括学生的注意力是否集中、是否存在违纪行为等。对于课堂氛围的营造，要关注师生之间、学生之间的互动关系。和谐的师生关系能增强学生的信任感和安全感，促进学生的积极参与。可以通过鼓励学生提问、倾听学生的意见和建议等方式加强师生互动。同时，要激发学生之间的合作与竞争。例如，组织小组活动，培养学生的团队合作精神；设置适当的竞争机制，激发学生的学习动力。如果发现课堂管理存在问题或课堂氛围不够理想，就可以采取一些措施进行改进。如加强课堂规则的宣传和教育，提高学生的规则意识；运用恰当的奖惩措施，激励学生遵守纪律；通过组织有趣的课堂活动、运用幽默的语言等方式活跃课堂氛围，增强学生的学习兴趣。

（四）自身专业素养的提升需求分析

教师自身的专业素养是教学质量的重要基础。不断提升专业素养能使教师更好地适应教育教学的发展变化，满足学生日益增长的学习需求，因为教育领域在不断发展，知识在不断更新，教师只有持续提升自己的专业素养，才能保持教学的先进性和有效性。

在分析自身专业素养的提升需求时，首先，要考虑学科知识的更新与深化。随着学科的发展，新的知识、理论和方法不断涌现，教师需要不断学习，保持学科知识的前沿性。例如，参加学科研讨会、阅读专业书籍和学术期刊等，及时了解学科的最新动态。其次，教育教学理论的学习必不可少。掌握先进的教育教学理念和方法，能更好地指导教学实践。可以通过参加教育培训、在线学习等方式，学习最新的教育教学理论。再次，教学技能的提升是关键。教学技能包括教学设计、课堂教学、教学评价等方面的技能。例如，学习如何设计更具吸引力的教学方案、如何运用现代教育技术提高教学效果、如何进行科学合理的教学评价等。最后，教师的沟通能力、团队合作能力、自我反思能力等也需要不断提升。为了满足专业素养的提升需求，可以制定个人专业发展规划。明确自己的发展目标和提升方向，有计划地参加各种学习和培训活动。积极参与教学研究和教育改革实践，将理论与实践相结合，不断提高自己的教育教学水平。同时，要保持开放的心态，虚心向同事、专家请教，不断反思和改进自己的教学行为。

四、教学效果评估结果的反馈与应用

（一）对教师教学方法调整的引导

在学前教育中，教学效果评估结果对教师教学方法的调整起着关键的引导作用。因为评估结果能清晰地反映出教学方法的有效性和适应性。如果评估结果显示幼儿在某些方面的学习进展缓慢或存在理解困难，就很可能是教学方法需要改进。例如，若发现幼儿在数学概念的理解上存在问题，则可能是当前的教学方法过于抽象，不适合该年龄段幼儿的认知水平。为了解决这一问题，教师可以根据评估结果重新审视教学方法。比如，将抽象的数学概念通过实物演示、游戏互动等更加直观、有趣的方式呈现给幼儿。教师还可以参加专业培训，学习新的教学策略和方法，将其运用到教学实践中，并通过后续的评估检验调整后的效果。

（二）对幼儿学习计划优化的支撑

在学前教育中，教学效果评估结果为幼儿学习计划的优化提供了有力支撑。评估结果可以揭示幼儿个体在不同领域的发展状况和学习需求。因为每个幼儿的发展速度和学习特点存在差异，所以需要根据评估结果来制订个性化的学习计划。例如，如果评估结果显示某个幼儿在语言表达方面较弱，那么可以在其学习计划中增加更多的语言训练活动，如故事讲述、儿歌朗诵等。对于在社交能力方面有待提高的幼儿，可以安排更多的小组合作活动和角色扮演游戏。为了实现学习计划的优化，教师需要仔细分析评估结果，结合幼儿的兴趣爱好和发展潜力，制订针对性强、富有弹性的学习计划；同时，要与家长保持密切沟通，让家长了解幼儿的学习情况，共同支持和促进幼儿的学习。

（三）对教学资源配置改进的依据

在学前教育中，教学效果评估结果是改进教学资源配置的重要依据。因为教学资源的合理配置直接影响教学效果和幼儿的学习体验。如果评估结果显示某些教学资源不足或利用不充分，就需要进行相应的调整。比如，若发现幼儿在艺术创作方面兴趣浓厚，但缺乏足够的绘画材料和工具，则幼儿园应该增加这方面的资源投入。如果某些教材或教具使用率低、效果不佳，那么也需要及时更新或替换。为了更好地依据评估结果改进教学资源配置，教育机构可以建立资源评估和调整机制。定期对教学资源的使用情况和效果进行评估，根据评估结果和教学需求，合理规划资源采购和分配。同时，鼓励教师和幼儿参与资源管理与建议，提高资源的利用效率和适应性。

（四）对家园合作深化的促进

在学前教育中，教学效果评估结果对深化家园合作具有积极的促进作用。因为家长通过评估结果可以更全面地了解幼儿在园的学习和发展情况，与教师共同探讨教育策略。当家长看到评估结果中幼儿的优点和不足时，家长能与教师一起分析原因，共同为幼儿的成长出谋划策。例如，如果评估结果显示幼儿在生活自理能力方面需要提高，教师就可以与家长沟通，在家中也为幼儿创造锻炼的机会，培养其独立生活能力。为了深化家园合作，教师可以通过家长会、个别沟通等方式向家长详细解读评估结果，听取家长的意见和建议。同时，邀请家长参与幼儿园的教育活动，共同见证幼儿的成长和进步。家长也应该积极与教师互动，分享幼儿在家中的表现，与教师携手为幼儿营造良好的成长环境。

第四节　基于评估的改进策略与反馈机制

一、教师与家长的沟通与反馈

（一）沟通频率的重要性

在学前教育中，教师与家长沟通频率的重要性不容忽视。因为频繁的沟通可以让双方及时了解幼儿在不同环境中的表现和变化。如果沟通频率过低，就可能导致信息滞后，无法及时发现和解决问题。例如，幼儿在园期间可能出现情绪波动或行为变化，若教师不能及时与家长沟通，则家长可能无法理解孩子异常表现的原因。为了保证适当的沟通频率，教师可以定期通过家长会、家访、电话沟通、线上交流等多种方式与家长保持联系。家长会可以集中分享班级整体情况和教育计划；家访可以更深入地了解家庭环境对幼儿的影响；电话沟通与线上交流则可以用于日常的信息传递和问题反馈，确保双方能随时掌握幼儿的最新动态。

（二）沟通内容的全面性

沟通内容的全面性对于教师与家长的有效沟通至关重要。全面的沟通内容应该涵盖幼儿在园和在家的学习、生活、社交、情感等各方面。在学习方面，教师要向家长反馈幼儿在课堂上的参与度、知识掌握情况及学习进步；在生活方面，包括饮食、睡眠、卫生习惯等细节；在社交方面，如与同伴的交往能力、合作精神和冲突解决能力；在情感方面，关注幼儿的情绪变化、心理需求和自信心培养。这样全面的沟通可以让家长和教师对幼儿有更完整的认识，共同为幼儿的成长提供支持。教师可以通过日常观察、记录和评估收集这些信息，并在与家长沟通时条理清晰地进行分享。同时，鼓励家长也积极分享幼儿在家中的表现和经历，以便教师更好地了解幼儿。

（三）反馈方式的有效性

反馈方式的有效性直接影响着教师与家长沟通的质量。合适的反馈方式应该具有清晰、准确、易于理解的特点。例如，教师在反馈幼儿的学习情况时，可以采用书面报告与口头沟通相结合的方式。书面报告可以详细记录幼儿的学习成果和进步，口头沟通则可以及时解答家长的疑问和深入探讨问题。对于幼儿的行为问题，教师可以通过具体事例进行描述，避免模糊和笼统的评价。在反馈时，教师要注意语言的表达方式，使用积极、客观的措辞，避免引起家长的误解或不满。同时，利用现代信息技术，如微信、电子邮件等，及时向家长发送反馈信息，提高沟通效率。家长也应该积极回应教师的反馈，提出自己的看法和建议，共同促进幼儿的发展。

（四）沟通态度的亲和性

亲和的沟通态度是教师与家长建立良好关系的基础。教师和家长在沟通时都应该保持友善、尊重与耐心。教师要以平等的姿态与家长交流，避免给家长带来压力或距离感。当家长提出不同意见或疑问时，教师要认真倾听，给予充分的理解和尊重，共同探讨解决问题的方法。家长也应该以积极的态度配合教师的工作，尊重教师的专业意见和教育方法。双方都要避免指责和抱怨，以合作的心态共同面对幼儿成长中的各种问题。教师可以通过微笑、亲切的问候、关心幼儿的生活细节等方式营造亲和的沟通氛围。家长也要积极参与幼儿园的活动，与教师建立互信互谅的关系，为幼儿的成长创造和谐的家庭与学校合作环境。

二、幼儿园内部的反馈与改进机制

（一）教师之间的相互反馈与协作

在幼儿园内部，教师之间的相互反馈与协作对于整体教育质量的提升起着至关重要的作用。因为教师们身处同一教育环境，面对相似的幼儿群体，彼此之间的经验交流和反馈能促进共同成长。

教师之间的相互反馈首先体现在日常教学活动的观察中。教师们可以相互观摩课堂，观察对方在教学方法、课堂管理、幼儿互动等方面的表现。比如，一位教师在组织音乐活动时，其他教师可以观察其如何引导幼儿感受音乐节奏、参与歌唱和舞蹈，以及如何处理幼儿在活动中的突发情况。在观察结束后，及时给予反馈，分享自己的观察心得和建议。这种反馈可以帮助教师发现自己可能忽略的问题，同时，学习他人的优点和创新之处。在协作方面，教师们可以共同设计和开展主题活动。不同教师可能具有不同的特长和优势，有的擅长艺术领域，有的在科学探索方面有丰富经验。通过合作，大家可以整合各自的资源和智慧，使活动更加丰富多彩。例如，在开展"动物世界"主题活动时，擅长绘画的教师可以负责指导幼儿进行动物绘画创作，对动物习性了解较多的教师则可以组织科普讲解活动。为了促进教师之间的相互反馈与协作，幼儿园可以定期组织教师交流会议和教研活动。在交流会议上，教师们分享自己的教学经验和遇到的问题，共同探讨解决方案；教研活动可以围绕特定的教学主题或问题展开，如如何提高幼儿的语言表达能力、如何培养幼儿的合作意识等，通过小组讨论、案例分析等形式，激发教师的思维碰撞，促进相互学习和提高。

（二）管理层对教师的反馈与支持

幼儿园管理层对教师的反馈与支持是维持良好教学秩序和提升教师专业水平的关键因素。因为管理层能从宏观角度把握幼儿园的发展方向和教育目标，其给予教师的反馈具有全局性和指导性意义。

管理层对教师的反馈主要通过日常工作检查和定期评估实现。在日常工作检查中，管理层可以观察教师的课堂教学、班级管理、与幼儿及家长的沟通等方面的情况。例如，检查教师是否按照教学计划组织活动，班级环境布置是否符合幼儿的年龄特点和教育需求。定期评估则更全面和系统，包括对教师的教学效果、专业素养、职业道德等方面的综合评价。通过这些反馈，教师能清楚地了解自己的工作表现和存在的不足。管理层对教师的支持体现在为教师提供专业发展的机会和资源上。一方面，组织各种培训活动，如教学方法培训、教育心理学讲座等，帮助教师更新教育理念和提升教学技能；另一方面，为教师提供外出学习、参观交流的机会，让他们接触到其他优秀幼儿园的先进经验和做法。同时，管理层还应在精神上给予教师鼓励和支持，认可教师的努力和付出，增强教师的职业认同感和归属感。为了确保反馈的有效性和支持的针对性，管理层需要建立科学合理的反馈和支持机制。制定明确的评估标准和反馈流程，使教师能清楚地知道自己的工作将如何被评估和反馈。在提供支持时，充分考虑教师的个体差异和实际需求，与教师进行充分的沟通和协商，确保支持措施切实可行且能满足教师的发展需求。

（三）幼儿对教学活动的反馈途径

虽然幼儿年龄小，但他们对教学活动也有自己的感受和想法，建立有效的幼儿对教学活动的反馈途径至关重要。因为只有了解幼儿的真实体验和需求，才能使教学活动更加符合他们的发展水平和兴趣爱好。

教师可以通过观察幼儿在教学活动中的表现获取反馈信息。例如，观察幼儿的参与度、注意力集中程度、情绪状态等。如果幼儿在某个活动中表现出积极参与、专注投入、情绪愉悦，就说明该活动对他们具有吸引力和适宜性；反之，如果幼儿出现注意力分散、兴趣缺乏甚至抵触情绪，教师就需要反思活动设计是否存在问题。倾听幼儿的语言表达也是一种重要反馈途径。幼儿可能会在活动后分享自己的感受和想法，教师要认真倾听并给予回应。比如，在手工活动结束后，幼儿可能会说"我喜欢这个活动，我还想再做一次"或者"我觉得这个太难了，我做不好"，这些都为教师调整教学活动提供了依据。此外，还可以通过问卷调查、绘画表达等方式收集幼儿的反馈。对于年龄稍大一些的幼儿，可以设计简单的问卷调查，询问他们对活动的喜好、难度感受等；对于年龄较小的幼儿，可以让他们通过绘画表达自己对活动的体验，教师再根据绘画内容进行解读。为了更好地利用幼儿的反馈，教师需要具备一定的观察和解读能力，能从幼儿的行为和语言中准确理解他们的意图与需求，并且将这些反馈转化为具体的教学改进措施。同时，教师要以积极的态度对待幼儿的反馈，鼓励幼儿大胆表达自己的想法，让他们感受到自己的意见被重视。

（四）家长对幼儿园教育的反馈与互动

家长作为幼儿成长过程中的重要陪伴者，他们对幼儿园教育的反馈与互动对于幼儿园的发展和改进具有不可忽视的作用。因为家长对幼儿的个性特点、家庭环境及成长需求有深入了解，其反馈能为幼儿园提供更全面的视角。

家长对幼儿园教育的反馈可以通过多种方式进行。家长会是常见的反馈途径之一，在家长会上，家长可以与教师面对面交流，分享自己对幼儿园教学、管理、服务等方面的看法和建议。家长也可以通过家园联系手册、电子邮件、电话等方式与教师保持沟通，及时反馈幼儿在家中的表现，以及对幼儿园教育的疑问和期望。幼儿园还可以通过问卷调查的形式收集家长的意见，问卷内容可以涵盖教学质量、师资水平、膳食安排、安全保障等多个方面。在互动方面，幼儿园可以邀请家长参与幼儿园的活动。例如，邀请家长担任志愿者参与亲子活动、节日庆祝活动等，让家长亲身体验幼儿园的教育氛围和活动组织。幼儿园还可以组织家长课堂，邀请家长分享自己的专业知识或特长，丰富幼儿园的教育资源。为了加强家长的反馈与互动效果，幼儿园需要建立良好的家园沟通机制，及时回复家长的反馈信息，对家长提出的问题和建议给予重视与回应。同时，要积极引导家长正确理解幼儿园的教育理念和方法，避免因观念差异而产生误解。通过定期组织家长培训、举办教育讲座等活动，提高家长的教育水平和参与幼儿园教育的能力，共同促进幼儿的健康成长。

三、持续评估与改进的循环模式

（一）明确的评估目标与指标设定

明确的评估目标与指标设定是持续评估与改进循环模式的基础和起点。因为只有清晰地确定了评估的方向和依据，才能使整个评估过程具有针对性和有效性。

评估目标应紧密围绕幼儿园的教育宗旨和发展战略来确定。例如，幼儿园的宗旨是培养全面发展、富有创造力和社会适应能力的幼儿，那么评估目标就应涵盖幼儿在认知、情感、身体、社会交往等多个方面的发展。指标的设定则要具体、可衡量且具有操作性。在认知发展方面，可以设定幼儿对基本概念的理解、解决问题的能力等指标；在情感领域，可以包括幼儿的情绪管理能力、自信心表现等；在身体发展方面，有大动作和精细动作的发展水平等指标；在社会交往领域，可设置幼儿的合作能力、分享行为等指标。为了确保评估目标与指标的科学性和合理性，需要幼儿园管理层、教师、专家等多方共同参与制定。通过深入研讨和论证，结合国内外先进的幼儿教育理念和实践经验，使评估目标与指标既符合幼儿的年龄特点和发展规律，又能适应幼儿园自身的实际情况和特色。同时，随着教育环境和幼儿需求的变化，要定期对评估目标与指标进行审查和调整，保持其与时俱进。

（二）全面深入的评估过程实施

全面深入的评估过程实施是确保评估结果准确可靠的关键环节。只有通过严谨细致的评估过程，才能获取真实有效的信息，为后续的改进提供坚实依据。

评估过程应涵盖幼儿园教育教学的各方面，包括课堂教学活动、游戏活动、生活活动等。在课堂教学活动评估中，观察教师的教学方法、教学内容的选择、幼儿的参与度等；在游戏活动评估中，关注幼儿在游戏中的自主性、创造性、合作能力，以及教师的引导作用；在生活活动评估中，则注重幼儿生活习惯的养成、自我服务能力等。评估的方法应多样化，可以采用观察法、问卷调查法、访谈法、作品分析法等。观察法可以直接观察幼儿的行为表现和活动参与情况，问卷调查法用于收集家长、教师对幼儿园工作的意见和建议，访谈法可以深入了解幼儿的内心感受和想法，作品分析法则通过分析幼儿的绘画、手工等作品了解他们的认知和情感发展。在评估过程中，要确保数据的真实性和完整性。评估人员应保持客观公正的态度，严格按照评估标准和流程进行操作，避免主观因素的干扰。同时，要对收集到的数据进行及时整理和分析，发现其中存在的问题和规律。

（三）基于评估结果的改进措施制定

基于评估结果制定切实可行的改进措施是持续评估与改进循环模式的核心任务。因为只有将评估结果转化为具体的改进行动，才能真正推动幼儿园的发展和提升教育质量。

当评估结果显示出问题或不足时，首先要深入分析问题产生的原因。可能是教学方法不当、课程设置不合理、教师专业素养有待提高，也可能是环境设施不完善、家园合作不紧密等。针对不同的原因，制定相应的改进措施。如果是教学方法问题，那么教师可以参加专业培训，学习新的教学策略和方法，或者开展教学研讨活动，相互交流经验；如果是课程设置不合理，就需要重新审视课程目标和内容，进行优化和调整；对于教师专业素养的提升，可以通过鼓励教师自主学习、参加继续教育、开展园本培训等方式来实现。在制定改进措施时，要具有可操作性和明确的时间节点。将改进任务分解成具体的步骤和阶段，明确每个阶段的目标和责任人，确保改进措施能得到有效落实。同时，要建立有效的监督机制，定期检查改进措施的执行情况和效果，及时调整和完善措施，确保改进工作持续推进。

（四）新一轮评估的启动与循环推进

新一轮评估的启动与循环推进是持续评估与改进循环模式得以不断深化和完善的动力源泉。因为只有通过持续的评估和改进，幼儿园才能适应不断变化的教育环境和幼儿发展需求。

在完成一轮改进措施并取得一定成效后，应及时启动新一轮的评估。新一轮评估不是对前一轮评估的简单重复，而是在更高水平上的深化和拓展。它要检验上一轮改进措施的效果，同时，发现新的问题和挑战。例如，通过对比前后两轮评估中幼儿在某些能力指标上的变化，判断改进措施是否有效；关注教育领域的新政策、新理念、新技术对幼儿园教育的影响，及时将其纳入评估范围。在循环推进过程中，要注重经验的总结和分享。将每轮评估与改进过程中的成功经验和失败教训进行整理、总结，在幼儿园内部进行分享交流，使全体教职员工都能从中受益，共同提升专业素养和教育水平。同时，要保持开放的心态，积极借鉴其他幼儿园的先进经验和做法，不断丰富和完善自己的评估与改进模式。整个循环模式应形成一个动态的、螺旋上升的发展过程，使幼儿园在持续的评估与改进中不断提升教育质量和办园水平。

第七章　优秀传统文化融入学前教育的发展展望

第一节　未来政策走向对其的影响

一、地方政策的特色与推动作用

（一）资源倾斜助力基础设施提升

地方政策在推动学前教育发展中的资源倾斜对基础设施提升起着关键作用。因为良好的基础设施是开展高质量学前教育的物质基础，直接影响着教学环境和幼儿的学习体验。地方政府认识到这一点，会将财政资金、土地资源等向学前教育领域倾斜。例如，在财政方面，增加对幼儿园建设和改造的投入，用于改善园舍条件、增添教学设备等；在土地方面，优先规划和审批幼儿园建设用地，确保幼儿园有足够的空间进行教学和活动。为了确保资源倾斜的有效性，地方政府需建立严格的项目审批和资金监管机制。对幼儿园建设项目进行科学评估和规划，确保资源用在最需要的地方。同时，加强对资金使用的监督，防止资金滥用和浪费，保证每笔资金都能发挥最大的效益，推动学前教育基础设施不断完善。

（二）师资扶持促进教师队伍建设

地方政策的师资扶持对于促进学前教育教师队伍建设具有重要意义。教师是学前教育的核心力量，其素质和能力直接决定着教育质量。地方政府可以出台一系列政策来吸引和留住优秀的学前教育教师。比如，提供教师培训专项资金，支持教师参加各种专业培训和继续教育，提升教师的专业素养和教学水平。在待遇方面，制定合理的薪酬政策，提高学前教育教师的工资待遇和福利水平，增强教师职业的吸引力。还可以通过设立教师奖励制度，对表现优秀的教师给予表彰和奖励，激发教师的工作积极性和创造性。为了让这些政策真正落地生效，地方教育部门要与相关部门协同合作，制定具体的实施细则和操作流程。同时，建立教师评价体系，以评价结果为依据，有针对性地进行师资扶持，促进教师队伍整体素质的提升。

（三）课程引导丰富教育教学内容

地方政策在课程引导方面对丰富学前教育教学内容发挥着重要作用。课程是学前教育的核心要素，直接关系到幼儿的全面发展。地方政府可以根据本地的文化特色和教育需求，制定具有地方特色的学前教育课程指导意见。例如，鼓励幼儿园开发融入本地传统文化的课程，让幼儿从小接触和了解本土文化，培养他们的文化认同感和归属感。同时，引导幼儿园开展多元化的课程活动，如科学探索、艺术创作、社会实践等，拓宽幼儿的视野和思维。为了确保课程引导的科学性和有效性，地方教育部门要组织专家团队对课程进行审核和评估，确保课程内容符合幼儿的身心发展规律和教育目标。幼儿园也要加强课程研发能力，结合自身实际和地方政策要求，开发出富有特色和吸引力的课程体系。

（四）监管强化保障教育质量提升

地方政策的监管强化对保障学前教育质量提升至关重要。严格的监管可以规范学前教育机构的办学行为，确保教育教学活动符合标准和要求。地方政府可以建立健全学前教育质量监管体系，加强对幼儿园的日常监督和检查。这包括对幼儿园的办园条件、师资配备、安全管理、教学活动等方面进行全面监管。对不符合要求的幼儿园及时进行整改或取缔。同时，制定科学合理的学前教育质量评估标准，定期对幼儿园的教育质量进行评估和考核，并向社会公布评估结果，接受社会监督。为了提高监管效率，地方政府要加强监管队伍建设，培养一批专业的监管人员，提升他们的监管能力和水平。并且要充分利用信息技术，建立学前教育监管信息平台，实现监管信息的及时共享和动态管理，为学前教育质量提升提供有力保障。

二、政策对家园合作与社会资源整合的引导

（一）明确家园合作的政策方向

政策对家园合作的明确引导，是推动传统文化教育的关键因素之一。家园合作对于幼儿全面发展和传统文化传承具有不可替代的作用，因为家庭和幼儿园是幼儿成长过程中最重要的两个环境，只有两者紧密合作，才能为幼儿提供连贯且一致的教育体验。

政策制定者深刻认识到家园合作的重要性，在政策中强调家庭与幼儿园共同承担教育责任。通过政策引导，让幼儿园和家庭明白双方在幼儿传统文化教育中的角色与职责。例如，政策规定幼儿园要定期向家长反馈幼儿在园的传统文化学习情况，包括参与的活动、取得的进步等，使家长能及时了解孩子的学习动态。同时，政策要求家长积极配合幼儿园的教育工作，如在家中与幼儿一起进行传统文化活动，如诵读经典诗词、讲述传统故事等。为了促进家园之间的有效沟通，政策鼓励幼儿园建立多种沟通渠道。可以通过家长会、家长学校、家园联系手册等方式，加强双方的信息交流。在家长会中，教师可以向家长介绍幼儿园传统文化教育的课程设置、教学方法及活动安排，听取家长的意见和建议；家长学校则可以邀请专家为家长讲解传统文化教育的重要性和方法，提升家长的教育意识和能力。此外，政策还支持幼儿园开展家长志愿者活动，邀请有特长的家长走进幼儿园，为幼儿分享传统文化知识和技能，丰富教育资源。

（二）鼓励社会资源参与教育

政策对社会资源参与传统文化教育的鼓励，为教育的多元化和丰富化提供了有力支持。社会资源丰富多样，包括博物馆、文化馆、图书馆、企业等，这些资源能为传统文化教育注入新的活力，因为它们拥有专业的知识、丰富的展品和多样的活动形式，可以拓宽幼儿的视野，丰富他们的学习体验。

政策通过多种方式鼓励社会资源参与。首先，制定优惠政策，吸引企业和社会组织投资传统文化教育项目。例如，对于投资建设传统文化教育基地的企业给予税收减免等优惠措施，激发企业的积极性。其次，建立合作机制，

促进文化机构与幼儿园的合作。博物馆、文化馆等可以为幼儿园提供参观、讲座等服务，让幼儿近距离接触传统文化。图书馆可以为幼儿园提供丰富的传统文化书籍和资料，支持幼儿园开展阅读活动。同时，政策鼓励社会资源开发适合幼儿的传统文化教育产品和服务。比如，文化企业可以开发传统文化主题的玩具、绘本、动画等，以寓教于乐的方式传播传统文化。为了确保社会资源的有效利用，政策还要求建立资源共享平台，整合社会资源信息，方便幼儿园和家长获取与使用。通过这个平台，幼儿园可以了解到周边的社会资源，根据教学需求进行选择和合作；家长也可以利用平台上的资源，在家中为幼儿开展传统文化教育活动。

（三）促进家园与社会资源的协同

政策对家园与社会资源协同的促进，是提升传统文化教育效果的重要举措。家庭、幼儿园和社会资源三方的协同能形成强大的教育合力，因为三方各自具有独特的优势，只有相互配合、相互补充，才能为幼儿提供更全面、更优质的传统文化教育。

政策引导家庭与社会资源建立联系。鼓励家长利用周末和假期带幼儿参观博物馆、文化馆等文化场所，让幼儿在家庭的陪伴下感受传统文化的魅力。同时，支持家长参与社会资源组织的传统文化活动，如亲子传统文化体验营、传统文化公益讲座等。幼儿园在其中发挥着桥梁作用，积极为家庭和社会资源的合作牵线搭桥。例如，幼儿园可以与博物馆共同组织亲子参观活动，邀请博物馆工作人员到幼儿园为家长和幼儿举办专题讲座。为了确保协同的顺利进行，政策要求建立协同机制和规范。明确各方的权利和义务，制定合作的流程和标准。比如，在家庭、幼儿园和博物馆的合作中，规定家长的配合要求和行为规范，博物馆的接待流程、讲解内容和安全保障措施，幼儿园的组织安排和教育引导职责，等等。此外，政策还鼓励开展联合评估，对家园与社会资源协同的效果进行评价，及时发现问题并加以改进，不断提升协同的质量和水平。

（四）规范合作中的责任与权益

政策对家园合作与社会资源整合中责任与权益的规范，是保障教育活动有序开展的基础。明确责任与权益能避免合作中的矛盾和纠纷，确保各方积极参与、共同努力，因为如果责任不清晰、权益得不到保障，就会影响各方的积极性和合作的稳定性。

政策详细规定了家庭、幼儿园和社会资源各方的责任。家庭要为孩子创造良好的传统文化学习环境，积极参与幼儿园组织的活动，配合幼儿园和社会资源的教育工作；幼儿园要制订科学合理的传统文化教育计划，组织丰富多彩的活动，对家庭和社会资源的参与给予积极的引导与支持；社会资源要提供优质的服务和资源，确保活动的安全和教育效果。在权益方面，政策保障各方的合法权益。家庭有权利了解幼儿在幼儿园和社会资源活动中的学习情况，对教育活动提出建议和意见；幼儿园有权利合理利用社会资源开展教育活动，获得家庭的支持和配合；社会资源有权利获得相应的政策支持和社会认可。为了确保责任与权益的落实，政策建立了监督机制。政府部门对家园合作和社会资源整合的过程进行监督，对违反规定的行为进行纠正和处理。同时，鼓励各方通过协商和调解解决合作中出现的问题，维护良好的合作关系。此外，政策还定期对责任与权益的规范进行评估和调整，以适应不断变化的教育需求和社会环境。

三、政策调整对教育实践的挑战与机遇

（一）教育理念更新的压力与动力

政策调整往往带来教育理念的更新，这在学前教育实践中既构成压力也带来动力。随着社会的发展和对人才培养要求的变化，学前教育政策开始强调培养幼儿的综合素质和创新能力等。这就要求学前教育工作者必须转变传统的以知识灌输为主的教育理念，树立起更加注重幼儿个性发展、兴趣培养和能力提升的新理念。压力源于教师和教育机构需要打破原有的思维定式与教学模式，重新审视和调整教育方法。动力则在于新的教育理念为学前教育注入了新的活力，促使教育者不断探索创新，提升教育质量。解决方法是加强教师培训，通过组织专题讲座、研讨会等形式，让教师深入理解新的教育理念，同时，鼓励教师在实践中大胆尝试新的教学方法，逐步将新的理念融入日常教学中。

（二）课程设置调整的复杂性与适应性

政策调整可能使学前教育课程设置产生变化，这既带来了复杂性也要求具备适应性。例如，政策强调加强传统文化教育和科学素养培养，课程就需要相应地增加这些方面的内容。复杂性体现在需要重新规划课程结构、整合教学资源、协调不同学科之间的关系等。为了适应课程设置的调整，教育机构需要组织专业团队进行课程研发，深入研究不同领域知识之间的内在联系，精心设计课程内容和教学活动。教师也要提升自身的专业素养，掌握新的教学内容和教学方法，以确保课程的顺利实施。同时，可以邀请专家进行指导，借鉴其他地区或机构的成功经验，不断优化课程设置。

（三）教学方法变革的挑战与创新

政策调整会推动教学方法的变革，这在学前教育实践中既是一种挑战也是创新的机遇。新的政策导向可能要求采用更加互动、体验式和探究式的教学方法，以激发幼儿的学习兴趣和主动性。挑战在于教师不仅要改变习惯的教学方式，重新学习和适应新的方法，而且要根据幼儿的特点和需求进行灵活运用。创新的机遇在于新的教学方法能更好地满足幼儿学习需求，提升教学效果。教师可以通过参加教学方法培训、观摩优秀教学案例等方式，提升自己的教学技能。同时，教育机构要营造鼓励创新的氛围，支持教师进行教学方法的尝试和探索，及时总结经验教训，不断改进教学方法。

（四）教育资源配置的调整与优化

政策调整可能引发教育资源配置的变化，这既需要进行调整也为优化资源配置提供了机会。例如，政策可能加大对某些地区或薄弱领域的资源投入，或者重新分配资源以支持新的教育项目。在调整的过程中可能面临资源分配不均衡、资源整合困难等问题。为了解决这些问题，需要加强教育部门的统筹规划，根据政策目标和实际需求合理分配资源。同时，教育机构要积极拓展资源获取渠道，加强与社会各界的合作，充分利用社区资源、企业资源等。还可以通过建立资源共享平台，促进不同机构之间的资源交流与共享，提高资源的利用效率，以更好地适应政策调整带来的变化，推动学前教育的发展。

第二节　科技发展带来的新机遇与挑战

一、信息技术在传统文化教育中的应用

（一）虚拟场景助力文化体验

在传统的学前教育中，信息技术通过构建虚拟场景为幼儿的传统文化体验带来了全新维度。因为幼儿的认知发展水平和生活经验有限，对于一些抽象或久远的传统文化内容难以直接理解，虚拟场景则能有效化解这一难题。

例如，利用虚拟现实（VR）技术，可以创建古代节日庆典的虚拟场景。在春节主题的传统文化教育中，幼儿戴上 VR 设备，仿佛置身于热闹的古代集市，周围张灯结彩，人们穿着传统服饰，进行着舞龙、舞狮等庆祝活动。这样的虚拟场景能让幼儿直观地感受春节的浓厚氛围和独特习俗，加深对传统节日的认知。为了充分发挥虚拟场景的作用，幼儿园需要配备适宜幼儿使用的 VR 设备，并且根据幼儿的年龄特点和认知能力，精心选择和设计虚拟场景的内容。教师在引导幼儿体验虚拟场景时，要运用生动、形象的语言进行讲解，帮助幼儿理解场景中蕴含的传统文化元素。同时，还可以在体验结束后，组织幼儿进行讨论和分享，进一步巩固他们的认知和体验。

（二）多媒体呈现激发兴趣

信息技术的多媒体资源对于激发幼儿在传统文化教育中的兴趣起着关键作用。由于幼儿的注意力较难长时间集中，且更倾向于直观、形象的事物，多媒体的生动呈现方式正好契合了他们的这些特点。

在传统故事讲述方面，通过制作精美的多媒体课件，将文字、图片、音频、动画相结合。比如，在讲述《司马光砸缸》的故事时，用色彩鲜艳的画面展示古代的庭院场景，配上生动的音效和旁白，让幼儿仿佛身临其境。在传统音乐欣赏方面，利用多媒体播放传统乐器演奏的视频，同时，展示乐器的图片和介绍，帮助幼儿了解不同乐器的特点和音色。幼儿园可以建立专门的多

媒体资源库，收集和整理各类与传统文化相关的多媒体资料，方便教师根据教学需求随时调用。教师在运用多媒体资源时，要注意控制展示的节奏和时间，避免信息过载让幼儿产生疲劳和厌倦。同时，鼓励幼儿参与多媒体互动，例如，通过点击屏幕上的元素探索更多关于传统文化的内容。

（三）互动游戏促进理解

信息技术支持下的互动游戏为幼儿理解传统文化提供了有趣途径。因为游戏是幼儿最喜爱的活动形式，互动游戏可以让幼儿在轻松愉快的氛围中主动学习传统文化知识。

比如，设计传统文化知识问答的互动游戏，将问题以有趣的动画形式呈现，幼儿通过点击选项进行回答；又如，在传统礼仪教育方面，可以开发角色扮演的互动游戏，让幼儿在虚拟场景中模拟古人的礼仪行为，如见面行礼、用餐礼仪等；再如，拼图游戏，将传统建筑、文物等图片制作成拼图，幼儿在完成拼图的过程中加深对传统文化元素的印象。幼儿园可以与专业的游戏开发公司合作，或者利用现有的游戏开发平台，根据传统文化教育的目标和内容定制互动游戏。教师在组织幼儿进行互动游戏时，要给予适当的指导和鼓励，帮助幼儿克服困难，体验游戏的乐趣和学习的成就感。同时，根据幼儿在游戏中的表现和反馈，及时调整游戏的难度和内容，确保游戏始终具有吸引力和教育性。

（四）数据反馈优化教学

信息技术能通过数据反馈为学前传统文化教育的教学优化提供有力支持。因为教师可以依据数据了解幼儿的学习进展和个体差异，从而更精准地调整教学策略。

学习管理系统可以记录幼儿在信息技术辅助的传统文化学习活动中的参与情况和表现。例如，幼儿在某个传统文化主题的在线学习模块中的停留时间、点击次数、答题准确率等数据都可以被收集和分析。如果发现多数幼儿在某个知识点的学习上存在困难，教师就可以有针对性地调整教学内容和教学方法。对于个体幼儿的特殊情况，教师也可以根据数据进行个别辅导。为了确保数据的准确性和有效性，幼儿园要选择可靠的信息技术平台和工具，并且对数据进行科学的分析和解读。教师要学会利用数据来反思自己的教学过程，不断改进教学策略。同时，要注意保护幼儿的隐私和数据安全，合理使用和存储数据，避免数据泄露和滥用的风险。

二、科技与传统文化资源的整合

（一）数字化呈现激发幼儿兴趣

在学前教育领域，科技对传统文化资源的数字化呈现能极大地激发幼儿的兴趣。因为幼儿的认知主要依赖于直观的感知和形象的事物，数字化手段可以将抽象的传统文化变得生动有趣。

通过运用 VR 和增强现实（AR）技术，古老的传统文化资源以全新的形式展现在幼儿面前。例如，对于古代建筑文化资源，幼儿可以借助 VR 设备仿佛置身于古老的宫殿或城堡之中，观察建筑的结构、装饰和布局。AR 技术则可以将平面的古代文物图片转化为立体的模型，幼儿可以全方位地观察文物的细节，感受其独特的魅力。为了实现有效的数字化呈现，教育机构需要投入相应的技术设备和资源。教师要经过专业的培训，掌握这些技术的操作和应用方法，以便能引导幼儿正确地体验和理解。同时，在选择数字化内容时，要确保其符合幼儿的认知水平和心理特点，避免过于复杂或恐怖的内容对幼儿造成不良影响。

（二）互动体验加深文化理解

科技与传统文化资源的整合还体现在互动体验方面，这对于帮助幼儿加深对传统文化的理解至关重要。因为互动体验能让幼儿积极参与文化学习，而不是被动地接受知识。

互动游戏是一种有效的方式。比如，开发与传统节日相关的游戏，在端午节的游戏中，幼儿可以通过点击屏幕参与包粽子、赛龙舟等虚拟活动，了解端午节的习俗和文化内涵。智能机器人也可以成为互动的伙伴，通过与幼儿对话，讲述传统故事、解释传统礼仪等。在设置互动体验环节时，要注重游戏和活动趣味性与教育性的平衡。游戏难度要适中，既要让幼儿能够通过努力获得成功的体验，又不能过于简单或困难，以免失去兴趣。同时，要鼓励幼儿之间的合作和交流，通过小组活动的形式，让幼儿在互动中学会分享和协作。

（三）多媒体资源丰富教育内容

多媒体资源在科技与传统文化资源整合中发挥着重要作用，它能极大地丰富学前教育的内容。因为多媒体资源融合了声音、图像、动画等多种元素，可以更全面地展示传统文化。

音频资源可以包括传统儿歌、民间故事的有声读物等。幼儿可以通过倾听这些音频，感受传统语言的韵律和文化的情感。视频资源可以是传统舞蹈、戏曲的表演视频，让幼儿直观地欣赏传统艺术的魅力。动画资源则可以将复杂的传统文化知识以简单易懂的形式呈现出来，例如，用动画解释春节的由来、十二生肖的故事等。教育机构应该建立完善的多媒体资源库，收集和整理各种优质的传统文化多媒体资源。教师在使用这些资源时，要根据教学目标和幼儿实际情况进行合理的选择和编排。可以将不同类型的多媒体资源结合起来，形成一个完整的教学单元，让幼儿在多种感官的刺激下深入学习传统文化。

（四）数据分析优化教育策略

科技带来的数据分析功能在科技与传统文化资源整合的学前教育中具有重要意义，它能为优化教育策略提供科学依据。因为通过对幼儿学习过程和行为数据的分析，可以了解幼儿的学习特点和需求。

学习管理系统可以记录幼儿在接触传统文化资源过程中的各种数据，如参与活动的时间、完成任务的情况、对不同内容的兴趣程度等。教师通过分析这些数据，可以发现幼儿的兴趣点和难点，从而调整教学内容和教学方法。例如，如果数据显示大部分幼儿对某个传统故事特别感兴趣，教师就可以进一步拓展相关的教学活动；如果发现幼儿在某个知识点的理解上存在困难，教师就可以采用更直观、形象的方式进行讲解。为了确保数据分析的准确性和有效性，需要建立科学的数据采集和分析机制。同时，教师要不断提升自己的数据解读能力，能够数据中提取有价值的信息，并将其应用到教学实践中。在利用数据分析结果调整教育策略时，也要充分考虑幼儿的个体差异和发展阶段，制定个性化的教育方案。

三、科技发展对幼儿学习方式的改变

（一）自主探索能力的提升

科技发展显著提升了幼儿的自主探索能力。因为科技为幼儿提供了丰富的信息资源和便捷的探索工具，激发了他们主动寻求知识的欲望。

幼儿可以通过智能设备上的教育应用程序，自主选择感兴趣的主题进行探索。例如，有一些专门为幼儿设计的科普应用，涵盖自然科学、文化艺术等多个领域。幼儿可以在其中自由浏览关于动物、植物、地理等方面的知识，根据自己的节奏和兴趣点深入了解。在这个过程中，幼儿不再仅仅依赖于教师或家长的传授，还能自己动手操作，通过点击、滑动等方式与信息互动。为了进一步促进幼儿自主探索能力的发展，家长和教师可以给予适当的引导。比如，当幼儿在使用设备遇到困难时，不是直接告诉答案，而是通过提问的方式引导他们自己思考解决方法。同时，要合理控制幼儿使用科技设备的时间，避免过度依赖和沉迷，确保他们有足够时间进行其他形式的探索和活动，如实地观察、实物操作等。

（二）多元化学习渠道的拓展

科技的发展为幼儿带来了多元化的学习渠道。传统的学习方式往往局限于书本和课堂，而科技打破了这些限制，让幼儿能从更多的途径获取知识。

在线学习平台为幼儿提供了海量的学习资源。这些平台上有各种形式的教育内容，如动画视频、互动游戏、有声读物等，可以满足不同幼儿的学习需求和兴趣爱好。幼儿可以根据自己的喜好选择适合自己的内容进行学习。VR 和 AR 技术也为幼儿开辟了新的学习空间。通过这些技术，幼儿仿佛身临其境，参观博物馆、历史遗迹等，感受真实的场景，拓宽视野。此外，社交媒体也可以成为幼儿学习的一种渠道。虽然幼儿在使用社交媒体时需要在家长和教师的监管下进行，但一些教育类的社交群组或平台可以让幼儿与其他小伙伴交流学习心得和经验，分享自己的发现和成果。为了充分利用这些多元化的学习渠道，教育机构和家长需要对幼儿进行正确的引导。确保幼儿接触到的是健康、有益的学习资源，避免不良信息的干扰。同时，要培养幼儿的信息辨别能力，让他们能区分真假、好坏信息，选择有价值的内容进行学习。

（三）互动式学习体验的增强

科技的进步极大地增强了幼儿的互动式学习体验。互动性可以让幼儿更加积极地参与学习过程，提高学习的效果和乐趣。

智能玩具和教育机器人是常见的互动式学习工具。这些玩具和机器人可以与幼儿进行对话、游戏、知识问答等互动。例如，幼儿可以向教育机器人提问，教育机器人会给予相应的回答和解释，帮助幼儿解决疑问。互动式的教育软件和游戏也是重要的互动学习方式。在这些软件和游戏中，幼儿需要通过操作和反馈完成任务与获取知识。比如，一些拼图游戏和数学启蒙游戏，幼儿需要根据提示进行操作，在完成任务后会得到相应的奖励和鼓励，增强他们的学习动力。为了优化幼儿的互动式学习体验，开发者需要不断提升科技产品的交互性和趣味性。设计符合幼儿认知水平和操作能力的界面与功能，让幼儿能轻松上手。同时，家长和教师要积极参与幼儿的互动学习，与他们一起使用科技产品，分享互动的乐趣，并及时给予幼儿肯定和鼓励，增强幼儿的自信心和学习兴趣。

（四）个性化学习需求的满足

科技发展使得满足幼儿的个性化学习需求成为可能。每个幼儿都有自己独特的学习风格、兴趣爱好和发展节奏，科技可以根据这些差异为幼儿提供定制化的学习服务。

通过大数据分析和人工智能技术，学习平台可以根据幼儿的学习历史、兴趣偏好和能力水平，为他们推荐个性化的学习内容和学习路径。例如，如果一个幼儿对音乐表现出浓厚的兴趣，平台就会推送更多与音乐相关的课程和活动。自适应学习软件可以根据幼儿的学习进度和掌握程度自动调整学习难度与内容。当幼儿在某个知识点上遇到困难时，软件会提供更多的解释和练习，直到幼儿完全掌握；当幼儿已经熟练掌握某个知识点时，软件会及时推进到更高级的内容。为了确保个性化学习的有效实施，教育机构和家长需要关注幼儿的个体差异，与科技产品的开发者密切合作，共同为幼儿打造适合他们的学习环境和资源。同时，要定期评估幼儿的学习效果，根据评估结果调整个性化学习方案，确保幼儿能在最适合自己的学习模式下不断进步。

四、应对科技发展挑战的策略

（一）提升教师的科技素养与应用能力

在应对科技发展带来的学前教育挑战中，提升教师的科技素养与应用能力至关重要。因为教师是学前教育的实施者，其科技素养直接影响到教学质量和幼儿的学习体验。科技在学前教育中的应用日益广泛，教师需要了解各种教育科技工具的功能和特点，如互动白板等。因为只有教师熟悉这些工具，才能有效地将其融入教学活动中。解决方法是开展针对教师的科技培训，包括理论知识学习和实际操作演练。可以邀请科技专家来园举办讲座，介绍最新的教育科技趋势和应用案例，同时，组织教师参加线上和线下的培训课程，让他们在实践中掌握科技工具的使用方法。此外，建立教师科技交流平台，鼓励教师之间分享科技应用的经验和心得，共同提高科技素养。

（二）培养幼儿正确的科技使用观念

培养幼儿正确的科技使用观念是应对科技发展挑战的关键环节。幼儿由于缺乏辨别能力和自我控制能力，容易沉迷于科技产品或受到不良信息的影响。因此，需要引导幼儿正确认识科技的作用和价值，明白科技是辅助学习和生活的工具，而不是娱乐的唯一途径。在幼儿园，可以通过开展科技主题教育，向幼儿讲解科技的基本知识和正确使用方法。例如，组织幼儿讨论科技产品的用途和使用时间限制，让他们明白过度使用的危害。同时，教师要在日常活动中以身作则，合理使用科技产品，为幼儿树立榜样。家庭方面也应发挥重要作用，家长要与幼儿园保持一致，共同监督幼儿的科技使用行为，培养他们良好的科技使用习惯。

（三）建立完善的科技教育管理体系

建立完善的科技教育管理体系是确保科技在学前教育中健康发展的必要措施。科技的引入会带来一些管理上的问题，如设备维护、信息安全等。如果没有有效的管理，就可能影响教学活动的正常开展。在设备维护方面，幼儿园应配备专业的技术人员或与相关企业合作，定期对科技设备进行检查和维修，确保其正常运行。在信息安全方面，加强网络安全防护，对幼儿的个人信息和教育数据进行严格保护。制定科技教育管理制度，明确教师和幼儿在科技使用中的权利与义务，规范科技教育活动的开展。例如，规定教师在使用在线教育资源时必须选择正规、安全的平台，防止不良信息的侵入。同时，建立监督机制，对科技教育活动进行定期评估和反馈，及时发现问题并加以解决。

（四）加强家园合作，共同应对科技挑战

加强家园合作是应对科技发展挑战的重要策略。家庭和幼儿园在幼儿的成长中都起着关键作用，只有双方紧密合作，才能更好地引导幼儿应对科技带来的影响。幼儿园可以通过家长会、家长学校等形式，向家长宣传科技在学前教育中的作用和影响，让家长了解幼儿园的科技教育理念和方法。同时，鼓励家长参与幼儿园的科技教育活动，如亲子科技制作、科技主题展览等，增进家长对科技教育的理解和支持。家长也应积极与幼儿园沟通，反馈幼儿在家中使用科技产品的情况，共同探讨解决问题的方法。双方还可以共同制定幼儿科技使用规则，统一教育标准和要求，形成家园教育合力，确保幼儿在科技环境中健康成长。

第三节　文化融合趋势下的发展方向

一、多元文化与优秀传统文化的融合

（一）认知层面的相互理解

在多元文化与优秀传统文化的融合中，认知层面的相互理解是基础且关键的一步。因为只有当人们对不同文化有了深入的认识和理解时，他们才有可能实现真正的融合。这就需要在教育、社会宣传等多个领域加强对各种文化的解读和阐释。例如，在学校教育中，可以开设多元文化课程，介绍不同文化的历史、价值观、风俗习惯等，让学生从理性层面了解多元文化的丰富内涵。同时，利用媒体、文化活动等渠道，向社会大众传播不同文化的知识，消除文化误解和偏见。通过这些方式，人们可以逐步建立起对多元文化和优秀传统文化的全面认知，为融合奠定思想基础。

（二）价值观的相互尊重

价值观的相互尊重是多元文化与优秀传统文化融合的核心。每种文化都有其独特的价值观，这些价值观是文化的灵魂所在。虽然不同文化的价值观可能存在差异，但它们都有其存在的合理性和价值。在融合过程中，必须尊重各种文化的价值观，避免因价值观的冲突而导致融合的失败。要做到这一点，需要培养人们的包容心态和文化平等意识。在社会交往中，倡导人们以开放、包容的态度对待不同文化的价值观，学会欣赏和接纳他人的文化观念。同时，通过文化交流活动，让不同文化的价值观相互碰撞、相互理解，促进彼此的尊重。

（三）文化元素的相互借鉴

文化元素的相互借鉴是多元文化与优秀传统文化融合的重要途径。不同文化都有其独特的文化元素，如艺术形式、文学作品、传统技艺等。这些文化元素可以相互启发、相互补充。例如，在艺术领域，不同文化的绘画、音乐、舞蹈等艺术形式可以相互借鉴，融合创新，产生新的艺术风格和作品。在传统技艺方面，不同文化的手工艺者可以相互学习，共同提升技艺水平。为了促进文化元素的相互借鉴，需要搭建文化交流的平台，鼓励艺术家、文化工作者等开展跨文化的合作与交流，激发创新灵感，推动文化的融合与发展。

（四）社会生活中的融合实践

社会生活中的融合实践是多元文化与优秀传统文化融合的最终体现。融合不仅仅停留在理论和认知层面，更要在人们的日常生活中得到体现。在社区生活中，可以组织多元文化活动，让不同文化背景的人们共同参与，增进彼此的了解和友谊；在经济领域，鼓励企业开展跨文化的商业合作，推动文化产业的融合发展；在城市建设中，融入多元文化元素和优秀传统文化元素，打造具有文化包容性和特色的城市景观。通过这些融合实践，让多元文化与优秀传统文化在社会生活的各方面相互交织、相互融合，形成多元和谐的社会文化生态。

二、国际学前教育中的文化融合经验借鉴

（一）课程设置的多元文化考量

在国际学前教育中，课程设置对文化融合起着至关重要的作用。因为合理的课程是引导幼儿接触和理解多元文化的重要载体。许多国家的学前教育机构在课程设计上充分考虑了多元文化因素。例如，将不同国家和地区的传统节日、民俗风情等内容纳入课程体系。这样做的原因在于，幼儿期是认知发展的关键时期，通过接触多元文化的课程内容，可以拓宽他们的视野，培养他们对不同文化的认知和尊重。解决方法是建立专业的课程研发团队，深入研究不同文化的特点和教育价值，精心挑选适合幼儿的文化元素融入课程。同时，定期对课程进行评估和调整，确保其符合幼儿的发展需求和时代的变化。

（二）教学方法的适应性调整

教学方法的适应性调整是国际学前教育文化融合的关键环节。不同文化背景下的幼儿具有不同的学习特点和需求，因此教学方法需要相应地进行调整。一些国家的学前教育机构采用体验式教学法，让幼儿通过亲身参与和感受不同文化的活动来学习。比如，组织幼儿参与其他国家的传统游戏、美食制作等活动。其原因在于体验式教学法能让幼儿更加直观地体验和理解不同文化，激发他们的学习兴趣和积极性。为了实现有效的教学方法调整，教师需要接受专业的多元文化教育培训，提升自身的文化敏感度和教学能力。同时，鼓励教师根据幼儿的实际反应和需求，灵活运用多种教学方法，以满足不同文化背景幼儿的学习需求。

（三）师资队伍的文化素养提升

师资队伍的文化素养提升对于国际学前教育中的文化融合至关重要。教师作为教育活动的实施者，其自身的文化素养直接影响着文化融合教育的质量。许多国家注重培养教师的跨文化教育能力，不仅要求教师具备扎实的专业知识，还要求他们了解不同文化的背景和特点。这是因为只有教师具备了丰富的文化知识和跨文化教育能力，他们才能在教学中有效地引导幼儿进行文化融合学习。解决方法包括加强教师的在职培训，开展文化专题讲座、跨文化交流活动等，让教师不断更新自己的文化知识和教育理念。同时，在教师招聘环节，注重选拔具有多元文化背景或跨文化教育经验的人才，充实师资队伍。

（四）家园合作的文化融合推动

家园合作在国际学前教育的文化融合中发挥着重要的推动作用。家庭是幼儿成长的重要环境，家长的文化观念和教育方式对幼儿有着深远影响。一些国家的学前教育机构积极与家长合作，共同推动文化融合教育。例如，邀请家长参与幼儿园的文化主题活动，分享自己的文化背景和传统。这样做的原因在于家园合作可以形成教育合力，让幼儿在家庭和学校两个环境中都能接受到多元文化的熏陶。为了加强家园合作，幼儿园可以建立定期的沟通机制，如家长会、家长讲座等，向家长宣传文化融合教育的重要性和方法。同时，鼓励家长积极参与幼儿园的文化活动策划和组织，共同为幼儿创造一个多元文化的学习环境。

三、教师在文化融合学前教育中的角色与能力要求

（一）文化传递者

在文化融合的学前教育中，教师作为文化传递者的角色至关重要。因为学前阶段是幼儿认知和情感发展的关键时期，教师对文化的传递会深刻影响幼儿对世界的初步认知。教师需要深入了解各种文化的内涵、特点和价值，包括本土文化和其他多元文化。例如，要熟知不同民族的传统节日、风俗习惯、艺术形式等。在传递文化时，教师可以通过多种方式，如故事讲述、歌曲吟唱、手工制作等。在故事讲述方面，可以选择蕴含丰富文化元素的故事，用生动有趣的语言向幼儿传达文化信息；在歌曲吟唱方面，可以选取不同文化背景的儿歌，让幼儿在欢快的节奏中感受文化的魅力；在手工制作方面，可以引导幼儿制作具有文化特色的手工艺品，如中国的剪纸、日本的折纸等，让幼儿在动手操作中体验文化的独特之处。为了更好地扮演文化传递者的角色，教师应不断充实自己的文化知识，参加文化培训和学习活动，提升自己对文化的理解和感悟能力。

（二）文化启发者

文化启发者是教师在文化融合学前教育中的又一关键角色。由于幼儿的思维处于活跃的发展阶段，教师的启发能激发幼儿对不同文化的好奇心和探索欲。教师要善于观察幼儿在文化接触中的反应和表现，根据幼儿的兴趣点进行引导。例如，当幼儿对某种文化元素表现出兴趣时，教师可以通过提问、引导讨论等方式，鼓励幼儿深入思考和探究。在课堂活动中，教师可以设置一些具有启发性的文化主题活动，如"世界文化大发现"，让幼儿在活动中自主探索不同文化的奥秘；还可以利用多媒体资源，如图片、视频等，展示不同文化的场景和现象，引发幼儿的思考和讨论。为了成为优秀的文化启发者，教师需要不断提升自己的教育智慧和引导能力，学会根据幼儿的年龄特点和认知水平进行启发式教育，激发幼儿对文化的主动探索精神。

（三）文化协调者

在文化融合的环境中，教师还扮演着文化协调者的角色。因为不同文化背景的幼儿和家庭之间可能存在文化差异与冲突，教师需要进行协调和化解。教师要关注幼儿之间的互动和交往，当出现文化差异导致的矛盾时，及时介入并引导幼儿相互理解和包容。例如，对于不同饮食习惯引发的小摩擦，教师可以组织讨论活动，让幼儿了解不同饮食文化的背景和意义，从而减少误解和冲突。对于家庭文化差异，教师要加强与家长的沟通和合作，共同营造和谐的文化融合氛围。可以通过家长会、家访等方式，与家长分享文化融合教育的理念和方法，听取家长的意见和建议，共同促进幼儿的文化融合发展。为了做好文化协调工作，教师需要培养自己的沟通能力和协调能力，学会以平和、公正的态度处理文化差异带来的问题，促进不同文化之间的和谐共处。

（四）文化创新者

教师作为文化创新者在文化融合学前教育中具有重要意义。随着时代的发展和文化的交流融合，需要不断创新文化教育的内容和形式。教师可以结合现代科技和教育理念，对传统文化进行创新演绎。例如，利用 VR 技术让幼儿仿佛身临其境地感受古代文化场景，或者将传统文化元素与现代艺术形式相结合，开展创意美术活动。在课程设计方面，教师可以打破传统的学科界限，整合不同文化的知识和技能，开发具有创新性的融合课程。比如，将音乐、舞蹈、绘画等多种艺术形式融合在一起，展现不同文化的艺术魅力。为了发挥文化创新者的作用，教师要保持开放的思维和创新的意识，敢于尝试新的教育方法和手段，不断探索适合幼儿的文化融合教育创新模式，为幼儿提供更加丰富、多元的文化教育体验。

参考文献

[1] 宋生涛 . 传统文化学前教育课程开发的理论与实践 [M]. 北京：民族出版社，2019.

[2] 牟洁，李敏 . 学前教育技术 [M]. 长春：吉林人民出版社，2021.

[3] 赵朵 . 学前教育学 [M]. 北京：北京理工大学出版社，2021.

[4] 王影 . 学前教育管理研究 [M]. 长春：吉林人民出版社，2023.

[5] 万建明，陈雅芳 . 传统文化与学前教育 [M]. 2 版 . 厦门：厦门大学出版社，2016.

[6] 滕宇，王艳红 . 学前教育原理与实践 [M]. 北京：北京理工大学出版社，2018.

[7] 徐文松，王婧文，赵梅菊 . 学前教育政策与法规 [M]. 北京：北京理工大学出版社，2021.

[8] 万建明，陈雅芳 . 传统文化与学前教育：东亚文化教育传统与学前教育国际学术研讨会专辑 [M]. 厦门：厦门大学出版社，2014.

[9] 任正霞 . 学前儿童传统文化教育 [M]. 成都：西南交通大学出版社，2012.

[9] 穆红霞 . 学前教育信息技术应用 [M]. 北京：北京理工大学出版社，2020.

[10] 杨晓萍，沈爱祥，杨柳玉 . 学前教育持续健康长效发展机制研究 [M]. 重庆：西南师范大学出版社，2019.

[11] 张晓伟 . 全实践理念下学前教育专业活动设计类课程教学研究 [M]. 长春：吉林人民出版社 ,2021.

[12] 王晨辉，王晨光 . 学前教育艺术综合教程 [M]. 南昌：江西高校出版社，2019.

[13] 魏中杰，王正翔．学前教育科研方法 [M]．长春：东北师范大学出版社，2020．

[14] 路娟．学前教育理论及应用实践研究 [M]．北京：首都师范大学出版社，2023．

[15] 傅建明．学前教育原理 [M]．2 版．上海：华东师范大学出版社，2024．

[16] 袁贵仁，郑富芝．学前教育跨越式发展 [M]．北京：人民教育出版社，2012．